北海道でいちばん大切にしたい会社

坂本光司 監修

北海道新聞社

はじめに

会社は何のためにあるのか？

坂本光司（一般社団法人人を大切にする経営学会会長）

これまで全国各地８０００社以上の会社を訪問し、経営の現場をつぶさに見てきました。いつも思うことがあります。

会社は何のためにあるのでしょうか？

会社の目的は業績ではなく、人を幸せにすることだと思っています。業績は人を幸せにする手段でしかなく、目的ではありません。

たった1回きりの人生、「生まれて良かった」「今日まで頑張って生きてきてよかった」と思えるような会社で働きたいと思うのは当然のことです。

会社にとって何よりも大切なのは会社に所属している社員と、その社員を一生懸命支えている家族です。社員やその家族を大切にしない会社に未来はないでしょう。

しかし、世の中にたくさんある本当にいい会社は、なかなか表には出てきません。なぜならいい会社ほど徒党を組まず、大声を上げないからです。正しいことをしているのに報われず、じっと黙って、世のため人のために、ひたむきに正しい経営をやり続けています。頭が下がる思いです。

だからこそ私はこれらの会社を紹介し、世に発信することで、「人を大切にする会社」「人を幸せにする会社」を一つでも増やしたいと思い、これまでさまざまな活動をしてきました。

経営学者として多種多様な中小企業の現場に出向くだけではなく、『日本でいちばん大切にしたい会社』シリーズ（あさ出版）をはじめとする書籍の執筆、講演活動、「人を大切にする経営学会」の設立……。

2010年に「日本でいちばん大切にしたい会社」大賞という、これまでにない企業の表彰制度を創設したのも、その取り組みの一つです。応募資格や審査基準は、従来の表彰とはまったく異なり、人をとことん大切にする経営をブレずに実行している会社を表彰するものです。

この賞における「人」とは、1従業員とその家族、2外注先・仕入先、3顧客、4地域社会、とりわけ障がい者等社会的弱者、5株主、支援機関・地域社会の5者です。

人を大切にし、人を幸せにしていれば、結果的に業績も上がるはずです。実際、これまで表彰してきた会社は、人を大切にする経営を追求してきた結果、高い利益を生み出すようになった会社です。

「日本でいちばん大切にしたい会社」大賞は北海道内の会社も受賞しています。本書では、受賞企業の中から第1章に富士メガネ（第3回経済産業大臣賞、第14回内閣総理大臣賞）、第4章に特殊衣料（第7回審査委員会特別賞）、第6章にリペアサービス（第13回審査委員会特別賞）、第7章にSATO社会保険労務士法人（第13回審査委員会特別賞）、第9章に北海道光生舎（第9回実行委員会特別賞）を掲載しています。

本書では「日本でいちばん大切にしたい会社」大賞受賞企業のほかに、5社を掲載しています。第2章に優れた印刷技術と目的に沿った理念経営をしているアイワード、第3章にデコレーションケーキの宅配を始めるなど顧客志向で次々と事業のアイディアを広げているきのとや、第5章に地域住民に寄り添うスマートプロジェクト、第8章に環境にやさしい牛乳の生産を核に、新たな付加価値を生み出している十勝しんむら牧場、第10章に社会的に弱い立場にある元受刑者の雇用を続ける北洋建設の5社を掲載しています。

10社とも自分たちにしかできない仕事をしているオンリーワンの会社で、企業のあるべき姿を教えてくれる会社です。また、ビジネスモデルでいうと、10社は何かに依存したり、追従したりするのではなく、自らの価値を自らで作り出しています。

そして、経営者自身が強い立場にいる人ではなく弱い立場にある人に目が届いたやさしい経営者ということもあり、愛情にあふれた社員思いの経営を行っています。

もちろん、北海道には本書に掲載した会社以外にも、取り上げるべき会社はたくさんあります。しかし、紙幅の都合もあり、本書では10社に絞らせていただきました。

本書を通して、北海道にあるすばらしい会社を一人でも多くの人に知ってもらいたいと思っています。

そして、会社は何のためにあるのかを考えるきっかけになればと思います。

北海道でいちばん大切にしたい会社　目次

第1章

株式会社富士メガネ

「目が見える！」

01 世界各地の難民に愛されてきた会社

支援を始めて40年

初めてメガネをかけた瞬間、満面の笑みを浮かべたアゼルバイジャンの子どもたち、「目が見える！」と涙を流して喜ぶタイの人たち――。

２０２４年3月22日。東京で開かれた「第14回日本でいちばん大切にしたい会社」大賞（内閣総理大臣賞）表彰式。万雷の拍手の中、富士メガネの会長、金井昭雄さんはこれまでの41年間の活動に思いを巡らしながら、壇上でこう語りました。「私は今年81歳になりましたが、気づいたら、人生の半分にわたって難民の視力支援活動に携わってきました。世界にはメガネがないと日々の生活に困る人がたくさんいます。気力と体力が続く限り、活動を続けたいです」。

戦禍潜り抜け、札幌で再出発

富士メガネは札幌を拠点に、全国に65の店舗を構えるメガネ販売会社です。道内を中心に東北・首都園にも事業を展開しています。

創業は1939年（昭和14年）。現会長兼社長の金井昭雄さんの父である、故金井武雄さんが樺太（現・サハリン）で前身の「富士眼鏡商会」を立ち上げたのが始まりです。

創業してほどなく第二次世界大戦が勃発し、武雄さんは召集され、店は営業できなくなります。終戦直後、武雄さんの妻コヨさんは、幼い兄弟2人の手を引いて命からがら引揚げ船に乗り込み北海道の陸別の親戚宅に身を寄せます。その後樺太はロシア（旧ソ連）の領土となり残った多くの人々が抑留されました。

当時2歳だった昭雄さんは、「樺太から無事に脱出できたのは幸運と言うほかなく、全てを投げ捨てて避難した経験が、今の難民支援の原点となっています」と語ります。復員した武雄さんはコヨさんや子供たちと札幌に居を移し、事業を再起します。

終戦から半年も経たない1946年1月、「富士眼鏡店」を札幌中心部の狸小路商店街でオープン。1969年には商店街の火災で店舗が全焼する苦難もありましたが、必死の思いで再建を果たしました。メガネを作る確かな技術と丁寧なサービスで事業を伸ばしてきた武雄さん。こんな逸話があります。

「経営の神様」が驚くサービス

1964年のことでした。武雄さんはふとテレビを見ていて、番組に出演していたパナソニック（旧松下電器産業）創業者の松下幸之助さんのメガネがずり落ちていることに気づきます。武雄さんは気になって、「メガネがあまり合っていないように思います。もっと良いものとお取り替えになってはいかがでしょうか」という手紙を松下さんに送ります。松下さんからはお礼の手紙が届きました。

翌年、松下さんが講演で札幌にいらっしゃった際、武雄さんは松下さんのメガネが変わっていないことに気づきます。武雄さんは思い余って「メガネがこの前と変わっていませんね。もしメガネをかけて外国にいらっしゃるようなことがあれば、日本にメガネ屋はないのだろうかと思われてしまうので、ぜひ直させてほしい」と申し出て、松下さんを店に招き、視力を測り、メガネを調整します。

当時から富士メガネでは、視力測定やレンズの研磨、コーティングなどの最新機器を外国から輸入し、高精度のメガネを自社で製作できるようにしていました。「できるだけ早くお客さんにメガネを届けたい。お客さんを待たせたくない」という思いからです。

富士メガネを訪れた松下さんは日本のメガネ店では見られないような専門的な設備や店員の働きぶりを目の当たりにして、メガネを売るという一つのことに、これほどまでの思いを込めて取り組んでいることに感心し、著書「折々の記」の中で、富士メガネを「世界一のメガネ屋さん」と称します。

また作家司馬遼太郎さんも1978年に札幌で富士メガネを訪れたときの感想を雑誌にしたためています。そこには「室内は商店というより、アメリカの歯科診療室のイメージで設計されていて、買うよりも検査を受けるという感じになっている。店の感じが、めがね屋というよりも、めがねに関する技術者の組織という感じがした。だれもが自分の専門知識や技術に自信を持っているように思われた」と書かれてあります。次第に富士メガネの評判は全国に広まっていきます。

異国での学び生かし、競合他社と差別化

兄から受け継ぎ3代目社長となったのが、次男で現会長兼社長の昭雄さんです。「家業を継ぐ気はなかった」と言う昭雄さんですが、卒業を控えた大学4年の頃、父武雄さんに米国への留学を勧められたことが人生を変えます。武雄さんは、視力ケアの専門資格「ドクター・オブ・オプトメトリー」を取るよう昭雄さんに言いました。

「昭和40年。1ドル360円の時代です。留学費用の工面に、父は相当苦労したようでした。でも、日本にもオプトメトリスト（オプトメトリーの資格所有者）のような存在が必要になると考えたのでしょう。昔から先見の明がある人でした」と昭雄さんは振り返ります。

慣れない異国での生活を支えてくれた下宿先のファミリーや、友人たち。昭雄さんは米国で多くの人たちのやさしさに触れた6年間を過ごし、「ドクター・オブ・オプトメトリー」の学位を取得します。

ある日、卒業後に働いていたクリニックの同僚に誘われ、アリゾナにある先住民の居留地で視力検査をしてメガネを寄贈するボランティアに携わります。メガネを贈ると、彼ら

は目を輝かせて喜びました。その姿を見て、昭雄さんは「視力の回復はこんなにも感動を与えるのか」と驚いたといいます。

帰国後は富士メガネに入社し、「留学中に受けた多くの人たちからの恩をいつか返したい。オプトメトリストの自分だからできる社会貢献をしたい」と心に誓います。

20年越しの悲願を形に

機が熟したのはそれから20年後でした。1983年、創業45周年の記念事業として富士メガネで海外難民視力支援活動を始めることが決まりました。当時、インドシナ3国（カンボジア、ベトナム、ラオス）で発生した多数の難民が隣国タイの難民キャンプで保護されていました。そのキャンプ地を訪れ、一人ひとりの視力を検査し、日本から持参したメガネの中からその人に合ったものを選んで寄贈する活動です。

社員3人とともにタイの空港に到着した昭雄さんは、ここで思わぬトラブルに見舞われます。無税通関を手伝ってくれるはずだった現地NGOスタッフの到着が遅れ、税関にメガネをすべて没収されてしまうのです。現地の教会や病院の協力で、なんとか5日後にメガネは戻り、バンコクから約１２０キロ離れたパナトニコム・キャンプで活動を開始します。

　耐え難い蒸し暑さ、感染症の不安もある劣悪な環境の中、昭雄さんたちを支えたのはメガネを受け取って「見える！」と涙を流して喜び、手を合わせて感謝してくれる人々の姿でした。帰国後、昭雄さんは海外難民視力支援への思いを強くします。

活動評価され、国連も協力

　一方で、様々なトラブルがあったことから、一企業としてこうした活動を続けていくのは無理があるのではないか、と悩んでいたところ、視力支援の成果を高く評価したタイの国連難民高等弁務官事務所（ＵＮＨＣＲ）から富士メガネへ、正式に視力支援活動の要請が届きました。国連機関による全面的協力の申し出を得て、昭雄さんは活動継続を決意します。これが、今日まで続くＵＮＨＣＲとの協力関係の始まりとなりました。

　その後、タイ国内にあるたくさんの難民キャンプを訪れました。ラオス国境に近い北方のキャンプは密林の中にあり、いつ誰に襲われてもおかしくないような地域です。常に危

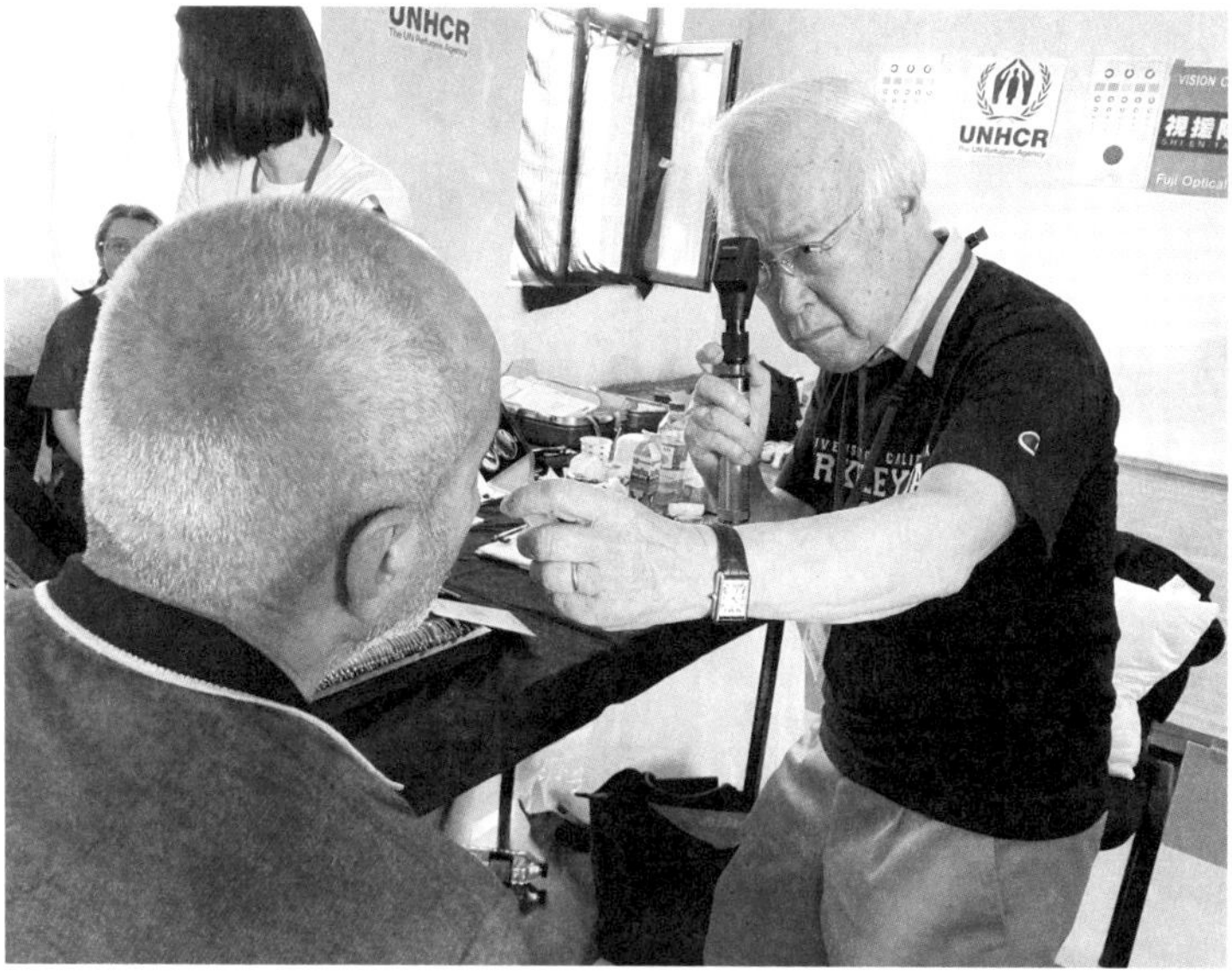

アゼルバイジャンで視力スクリーニングをする金井昭雄会長

メガネが合わなかった人のために、特別にメガネを製作する社員

メガネを寄贈されて喜ぶアゼルバイジャンの人々

険と隣り合わせで緊張が続く中、やっと現地にたどり着くと、待っていたのはメガネを心待ちにしている難民たちの姿でした。

「電気がない、シャワーの水が出ない、トイレが使えない。思いもよらないアクシデントがたくさんあり、毎年、帰国するとぐったりする。でも、メガネを渡した人たちの笑顔を思い出すとまた来年も行こうと思うんです」と昭雄さんは語ります。

ミッションでは、視力を測り、メガネを手渡すだけでなく、白内障や眼底疾患、極度の高血圧など、様々な目に関する相談に対応することもあります。

こんなこともありました。アルメニアを訪れたときです。幼い息子を抱いた父親が昭雄さんたちに会いたいと難民キャンプを訪れました。息子は目が悪く、ほぼ何も見えません。父親は「この子は一生、見えないままなのでは」と諦めていました。でも、昭雄さんたちは検査した結果、強度の近視だと気づき、帰国後少年のためのメガネを特別に製作しました。完成したメガネをかけた瞬間、息子はこれまで見えなかったものが見えたことに感動し、父親に駆け寄って喜んだと言います。

「オール富士メガネ」で活動サポート

難民への視力支援はほぼ毎年行い、これまでに39回実施。UNHCRとの民間企業パートナーシップは世界最長の42年目を迎えています。現在、訪問国はUNHCRの要請により決定し、現地のUNHCR事務所と直接英語でのやり取りを通じて計画が立案され、実施されています。これまでに訪問した国は、タイの他にネパール、アルメニア、そしてアゼルバイジャンの4カ国、寄贈したメガネは約18万個に上ります。

参加するメンバーは、毎年社員数人に声をかけます。社員は有給休暇を使ってボランティアとして参加し、渡航にかかる経費は会社が負担します。昨年アゼルバイジャンへの訪問に参加した旭ヶ丘西友店の江田万純《ますみ》店長は「私は視力検査をして、メガネを選定する担当でしたが、メガネをかけずに検査会場に来た人が多く、見えないことが当たり前だと思っている人たちが多くいることに驚きました」と言います。

現地では、検査会場となった学校体育館のトイレが壊れている上に汚く、とても女性が安心して使えるようなものじゃなかったそうです。それに気づいたUNHCRのスタッフが近隣の住民に家のトイレを使わせてもらえないかと頼みこみ、許可を得たそうです。

「トイレのひどさには驚きました。暑さで体調を崩したり、食事が合わなかったりと大変なことも多くありましたが、メガネを手にして泣いて喜ぶ人たちの姿を見て、自分の職業が人の役に立っていることを実感できてやりがいを感じました」と江田さんは感慨深げに話します。

これまでにボランティアとして同行した社員はのべ約208人、このほかにも日本で寄贈するメガネを加工したり、度数を調整したりする社員も大勢おり、「オール富士メガネ」で訪問に向けた作業を進めます。現地でメガネの度数が合わなかった場合は、帰国後日本で特別に製作して送るサービスも続けています。

従業員を難民支援活動に携わらせる理由について、昭雄さんは「訪問地は、こんなことがなければ行くことがないような場所です。自分のサービスで困っている人が喜んでくれれば、仕事への価値観が変わり、本来の業務へのモチベーションも向上する。体験することが何よりの仕事の学びなのです」と言います。

難民支援から広がる縁

さらに面白いことに、アゼルバイジャンで現地通訳を務めた男性が、今年1月から富士メガネ本店で社員として働いています。ファタリ・ムトゥゾフさんです。ファタリさんはアゼルバイジャンの大学で日本語を専攻。大学生時代から通訳と現地の人たちにメガネを渡す役として富士メガネの難民支援プロジェクトを手伝ってきました。

富士メガネから贈られたメガネをかけて、目が見えるようになったことを喜ぶ自国の人々の姿を見て、富士メガネに対する感謝の思いが膨らみます。「アゼルバイジャンにもメガネ店はありますが、メガネは高価なものなので、お金がない人たちはメガネを買うのを諦めます。そんな人たちにメガネを無償提供する富士メガネのミッションはほんとに素晴らしい」と話します。

自分もメガネづくりの技術を学びたいという思いが強くなり、アゼルバイジャンの日本大使館に相談し、富士メガネで働くことが決まりました。今は、本店でフレーム加工の勉強をしていて、もう少しすると店舗で接客についても学ぶ計画です。

「難民支援」のノーベル賞受賞

こうした富士メガネの「海外難民視力支援ミッション」が評価され、昭雄さんは2006年にＵＮＨＣＲから「ナンセン難民賞」を贈呈されます。ナンセン難民賞は、「難民支援」のノーベル賞と言われ、全世界を対象に毎年1団体（個人）に贈られるきわめて栄誉な賞です。これまでの受賞者は、エレノア・ルーズベルト元大統領夫人、オペラ歌手ルチアーノ・パパロッティなどで、日本人での受賞は昭雄さんが初めてでした。

さらに、昭雄さんは、２０１３年からＵＮＨＣＲへの財政支援も開始します。毎年10万ドルから多い時で40万ドルの寄付を続けており、２０２４年までの寄付総額は計２７０万ドルになります。さらにロシアからの侵攻が続くウクライナを支援しようと、ウクライナ国旗をデザインしたメガネを販売し、売り上げの10％をウクライナ支援金としてＵＮＨＣＲに寄付しています。

このほか国内でも、戦後の混乱期に離れ離れになった肉親を捜しに中国から来日する「中国残留孤児」にメガネを、道内の盲学校に拡大読書機や弱視鏡、ルーペなどの機材を贈る活動を続けています。なぜここまで社会貢献活動を熱心に続けているのでしょうか。

1. 大久保浩幸常務　**2.** 各店舗に飾っている第 14 回「日本でいちばん大切にしたい会社」大賞、第 1 回「内閣総理大臣賞」の受賞を知らせるパネル　**3.** 江田万純さん　**4.** ファタリ・ムトゥゾフさん

富士メガネ本店

昭雄さんは「企業として社会貢献をするのは当たり前のこと。うちにはメガネという専門的知識があるので、それを生かしたサービスで社会に恩返しがしたい。会社の知識を生かして、生活に窮している国々にできる支援を続ける、そんな会社がもっと増えればと願っているんです」。

こうした活動が評価され、富士メガネは２０２４年に「第14回日本でいちばん大切にしたい会社大賞」最高賞の内閣総理大臣賞を受賞。２０１３年の経済産業大臣賞に続く２度目の輝かしい受賞でした。内閣総理大臣賞は、本年度に創設された賞で、富士メガネは初代の受賞となりました。２０１９年には「第３回ジャパンＳＤＧｓアワード」のＳＤＧｓ推進副本部長（外務大臣）賞を受賞しています。

終わりなきミッション

２０２４年６月末、前月から始まった約２週間にわたるアゼルバイジャンでの難民支援を終え、昭雄さんは通常業務に復帰していました。社員６人と約３０００組のメガネを現地の人たちに贈呈したと言います。

昭雄さんは本社の応接ルームで息を大きく吐いてこういいました。「難民支援をする場所は危険な地域です。いつも社員と一緒に無事に戻れるとホッとします。社員の安全を守るのは経営者の務めですから。疲れるけど、メガネを待ち望んでいる人たちがいると思うと、やめられない。難民支援に定年はないのです」。笑顔の奥に強い決意がみなぎっていました。

社員を支える「縁の下の力持ち」

「中学生のころから富士メガネさんでお世話になっています。こまめに調整に伺いますが、いつも店員さんの対応がよく、無料でフレームの調整を行ってくださるので助かっています」。

富士メガネの「お客様相談室」にはこんなメールが月100通ぐらい届きます。そのすべてに対応しているのが、常務取締役で総務・人事部長を兼務する大久保浩幸さんです。大久保さんはメールの一件一件つぶさに目を通し、返事を送ります。接客や商品に対するお礼であれば、謝辞のメールやお手紙を送り、会社や社員に対するクレームであれば原因を突き止め謝罪します。

しかし、それが事実無根で言いがかりだと分かれば、話は別です。送り主と連絡を取り、「うちの社員は適切に対応しています。尊厳をもって社員に接してほしい」とお願いすることもあるといいます。

中には店舗内で社員に大声で繰り返し怒鳴るような人もいます。そういうに人には「2度と店舗に来ないでほしい」と言います。「お客様でも、理不尽なことを言われれば、一歩も引きません。従業員を守るのがぼくの仕事だと思っています」と大久保さんは胸を張ります。

転職繰り返し、出会った「守りたい」企業

今では、「富士メガネ」の番頭役ともいえる大久保さんですが、実はユニークな経歴の持ち主です。大久保さんは埼玉県出身。これまで首都圏のレンタカーリース会社や温浴施設などに勤務し、17回転職してきました。縁があって北海道の企業に就職し、道内に移住します。しかし、勤めていた企業が倒産。残務整理をしながら、転職活動をする中で、富士

メガネを知ります。

「こんなに転職している人間を受け入れてくれるだろうか」と不安もよぎりましたが、あっさり採用されます。しかも、条件だった前職と同程度の給料も保障してもらいます。42歳の時でした。人事畑が長かった経験を買われ、人事課長に就任します。

最初は「合わなければ転職先を探せばいい」と軽く考えていたという大久保さんですが、社員が使命感を持って仕事をしている姿勢やお客さんからのお礼の手紙の多さに感心し、次第に富士メガネに骨をうずめる決心が定まります。「社員たちがプライドを持って働いている。技術力も高く、チームワークもたけている。この会社を守りたいと考えるようになりました」といいます。

大久保さんが人事課長になって手を付けたのは、新卒の採用です。それまで富士メガネは定期的な新卒採用は行っておらず、50代、60代のベテラン社員がたくさんいました。「年代が偏りすぎていると、職場が活性化されない」と考えた大久保さん。その年に新卒採用を行い、23人を採用します。

就職志望者のほとんどは富士メガネの利用客でもあります。大久保さんは、不採用とした学生たち一人ひとりにお詫びの連絡をし、「なぜ不採用だったか理由を聞きたい」という学生には丁寧に理由をしたためたメールを送ったそうです。

「1人の学生の対応に24時間かけると決めています。採用にならなくても、これも何かのご縁と思い、大事にしたい。どの学生にもいい就職先を見つけ、幸せになってもらいたいのです」と言います。

入社後は3カ月間の研修期間を設けて、徹底的に商品知識や視力検査やレンズの調整などの技術を磨く教育を行います。研修を終えた後も、担当する先輩社員を決めて、1年間付きっ切りで指導にあたります。採用から研修までの窓口はすべて人事グループで一括します。

「店舗ではいろんなお客様に対応し、お客様に合った最善のメガネをご提供しなければなりません。重圧が大きい作業だからこそ、一人前の社員に育つまで、責任をもって見届けたいのです」と大久保さん。店舗で新入社員にトラブルがあったときはすぐに駆け付けられるようにと、入社してしばらくは休日も自宅でスーツを着ていたそうです。

「雨が降ったら傘はいりますか、と聞くのではなく、そっと傘を差しだすような、そんな役割が僕の仕事だと思っています」。大久保さんは照れ臭そうに言いました。

富士メガネが持つホスピタリティと技術力を難民支援という社会貢献を通じて外に発信

する昭雄さん、社員を守ることに全力を注ぐ大久保さん。この両輪こそが、富士メガネの魅力であり、「大切にしたい」と思える企業の礎を築いているのです。

企業データ　会社名　**株式会社富士メガネ**				
所在地	〒060-0062 札幌市中央区南 2 条西 1 丁目 3 番地（北専ビル 9 階）			
連絡先	電 話 番 号：011-222-2832 メール：jinji@fujimegane.co.jp			
年間売り上げ （直近のもの）	77 億 2994 万円（2024 年 2 月末現在）			
従業員数 （正規、非正規別）	正規社員	434 人	非正規社員	93 人
従業員男女比	男性	56.1%	女性	43.8%
平均勤続年数 （男女別）	男性	28 年	女性	16 年
離職率 （入社 5 年未満）	0.4%			
育休取得率 （男女別）	男性	50%	女性	100%
女性管理職比率	28.6%（課長職以上）			

※女性管理職の定義については企業ごとに異なるため、企業の意思決定層にいる女性を対象とします。

第2章

株式会社アイワード

どうして彼を差別するのか

02 ダイバーシティ（多様性）を50年前から実践している会社

社員一丸で給料を2倍に

札幌市の中心部・創成イーストに道内印刷大手アイワードの本社はあります。本の編集、組版、印刷、製本などのブック印刷や、高級カラー印刷などを行っています。

ブック印刷では、わずか1ミリの綴じから、80ミリもある極厚本まで、あらゆる厚さの書籍に対応できる製本力を有し、また、医学書に代表される専門書の編集・制作と、美術書に求められる精緻な高級カラー印刷でも高い技術力を発揮しています。２０１５年には経年劣化で褪色したカラー写真の色を科学的に復元するシステムを開発し、業界関係者を驚かせました。いまや北海道を代表する印刷会社に成長したアイワードですが、50年前は倒産寸前でした。その経緯を大沢眞津子副社長が話してくれました。

アイワードの前身は北海道共同軽印刷所という小さな会社でした。1965年の創業から6、7年で経営不振に陥り、困り果てた役員が、中小企業家の団体である北海道中小企業家同友会に相談に行きました。

その時、経営建て直しのためにやってくることになったのが、当時同友会の事務局員だった木野口功さん、アイワードの現相談役だったのです。浦河町役場から1973年7月に同友会へ転職した木野口さんは、早朝から夜遅くまで会員の勧誘に奔走していました。半年で札幌近郊の中小企業の経営者約700人と会ったといいます。

第一次オイルショックを契機に高度成長時代から低成長時代に移り変わった1974年、木野口さんは35歳で常務として北海道共同軽印刷所に入社しました。

当時、同社の社員数は20人、平均年齢は25歳。札幌市内の印刷会社の25歳平均給与は5万円なのに対し、同社は3万円という状況でした。当然、社員たちは世間並みの待遇を求め、このままなら「会社を辞めたい」という人が半数もいたそうです。当時は春闘のベースアップが20%にも達する時代。他社がその年、20%上がれば6万円になります。給料を世間並みにするには、2倍にする必要がありました。そして、木野口さんは社員と次のような会話を交わしました。

木野口「給料を2倍にするには、売り上げも2倍にしなければならない。やれますか？」
社員「やります」
若い経営者がきて、「給料を倍にする」と宣言した時、当然ながら社員たちは驚きました。当時経理などの業務を担当していた大沢さんは「簡単にできることではないと思いながらも、木野口さんの力強い言葉に、組織を整えてみんなで頑張れば、できないことはないんじゃないかと前向きな気持ちになりました。小さな希望の光が見えた気がしました」と振り返ります。

その年の春、アイワードは社員の給料を2倍にしました。しかし、売り上げを倍にしていかなければ、会社の経営は成り立たずに潰れてしまいます。売り上げを倍にするには、今までの働き方や仕事に対する向き合い方を根本的に変える必要がありました。木野口さんは社員たちを集めて経営方針を確立させることから始めました。

700社の中小企業を見てきた木野口さんは、一人ひとりの社員が、上からの指示や命令を待つのではなく、それぞれの自主的・自発的な行動を活発にするためには、「これをやろう」という目的、会社の指針となるものを、経営者が社員とゼロから話し合いでつくり上げることが重要だと感じていたのです。

約1年間をかけて、木野口さんと社員たちは徹底的に話し合い、討論を重ね、社員20人全員で経営理念や経営方針をつくり上げました。大沢さんはこの時の様子を今も鮮明に覚えていると話します。「どうしたら給料を倍にできるのか、売り上げを倍増できるのか。そのためには、どんな会社にしたらいいのか。木野口さんと社員全員が顔を突き合わせて、意見や考えをぶつけ合いました。木野口さんは会社側の決定を押し付けることは一切せずに、私たちの少数意見や疑問にも公平に耳を傾けてくれました。みんなが真剣に、繰り返し会社の目指す方向を話し合うことで、一人ひとりに自分も会社の主役なんだという当事者意識が芽生えていったんです」。

経営方針に掲げる3つの約束

今、アイワードの経営方針となっている「民主的に運営します（開かれた経営…情報の共有化をはかります、男女の性による差別・障がいによる差別をしません）」「自主的・自覚的な行動を大事にします」「目標と計画を大切にします」という3つの指針は、このとき社員全員で作り上げたものです。それが変わることなく、今に受け継がれているのです。

木野口さんがアイワードにきた1年目のスローガンは「給料を倍払っても潰れない会社になろう」でした。社内のあちこちにスローガンを書いた紙を張り出して、全員が一丸となって仕事に燃え、自分たちで考えた目標を達成するために働きました。

努力の結果は、数字になって表れました。その年の12月期決算で売上高は、前期の2倍近くまで伸びました。1年間で倍近い給料の支払いができる会社になったのです。大沢さんは「当時の私たちにとっては途方もない目標でしたが、全員でやり遂げたことが大きな自信になりました。やればできるということを教えてくれたし、もっと上を目指せると確信できました」と話します。経営の危機に直面していた印刷会社は、こうして再建の道を歩み始めました。

それまで何の方向性もなかった会社の雰囲気はがらりと変わり、売り上げは急激に伸びていきました。35歳の若い経営者のもと、20人の社員が一つになって勝ち取った勝利でした。

アイワードは、1974年から続く経営方針の、性別や障がいの差別がない会社としても高い評価を受けています。社員の約4割が女性で、1割近くが障がい者です。障がい者の雇用を積極的に進めるなど、「差別をしない」企業風土が育まれたのには、北海道共同軽印刷所時代のある出来事がきっかけでした――。

当時、製本部門には、聴覚に障がいのある小畑利夫さんという若い社員がいました。仕事を行う上で支障があると、ほかの社員から仲間はずれにされたり、差別的な言葉を吐かれたりするなど、職場にはまだ根強い偏見があったといいます。それを知った木野口さんは、全社員を集め長い時間をかけて話し合いました。

「どうして彼を差別をするのか。彼は、本人の落ち度で耳が聞こえなくなったのではない。それをやゆするとは、こんな恥ずかしいことはない。それよりも、みんなで彼の失っている機能を補って、会社のために力を発揮してもらおうじゃないか」。みんなまだ若い社員だったこともあり、そうした配慮に欠けていたのです。

社員たちに、「なぜ小畑さんを仲間として打ち合わせに入れないんだ」と聞くと、「彼は耳が聞こえないから」と返ってきました。これではいつまでたっても障がいのある社員は一人前の仲間にはなれません。

木野口さんは「誰もが同じ仲間として対等でなければならない。私もみんなに情報を包み隠さず伝えるから、みんなも情報の共有化を第一に考えて、何でも伝え合うようにしてほしい。小畑さんにもきちんと情報を伝えてほしい。それがみんなでつくった経営指針の『民主的』ということなんだ」と呼び掛けました。

その結果、手話を習って小畑さんとコミュニケーションをはかる人、筆談する人が増えていきました。小畑さんも打ち合わせに参加するようになり、悪口を言ったり、仲間はずれにしたりする社員はいなくなりました。

そして、徐々に責任ある仕事も任されるようになっていった小畑さんは、そのことをとても誇らしく、やりがいに感じたのでしょう。同じ障がいがある仲間、自身の活躍や自身を後押ししてくれる仲間に職場のことを話したのです。

ある日のこと、宮下良夫さんという聴覚に障がいのある青年が突然会社を訪ねてきました。小畑さんから話を聞いて「ここは自分の憧れの会社。ここで働くために、自分は勤めていた会社をやめてきたので、ぜひ働かせてほしい」と必死に訴えたそうです。この訴えが、のちにアイワードを大きく変えていきます。

歴史ある他の印刷会社で製本作業の経験があった宮下さんの活躍は素晴らしく、彼が戦力に加わったことで、製本部門が強化され、会社の体制も固まってきました。その後も、障がい者の入社が相次ぎ、彼ら、彼女らのひたむきな姿はほかの社員に大きな感動や気づきを与えました。こうして、障がい者と健常者がともに働き、学び合えるという社風がつくられていったのです。

差別のない社風

現在、アイワードの社員の10・23％は障がいのある人です。その多くが石狩工場で働いているため、工場内はすべてバリアフリーになっています。会議や研修会などでも参加する社員たちが手話通訳や筆談、口述筆記でその内容を伝えるなど、障がい者がともに働ける環境の整備を確保する企業努力を進めています。

差別のない社風が生まれるきっかけとなった小畑さんは２０２３年の春に亡くなられたそうです。その半年前までは、病と闘いながらも、自信と誇りを持って石狩工場で勤務を続けていました。宮下さんは後進の指導に励んでいましたが、２０２２年に勤続47年9カ月で退職しました。

奥山敏康社長は「小畑さんと宮下さんの二人は、当社にとって本当に大きな財産を残してくれました。彼らに続いて一人、また一人と聴覚障がい者の仲間が増え、製本部は全国レベルの品質を作り上げるようになりました。この偉大な先輩の背中を見て、自分も頑張ろうと心を奮い立たせた社員も多いと思う」と話します。

石狩工場では、最終工程の製本部に所属する39人の社員のうち、10人が聴覚に障がいがあります。その中の2人が、作業班のリーダーを務めています。リーダーの一人、山地寿朋さんは「用紙断裁」のプロフェッショナルです。山地さんは「製本工程は、営業、制作、製版、印刷とつないできたタスキをゴールに運ぶアンカーの役割。その入り口に当たる作業が断裁なので、責任が大きい。でも、だからこそやりがいが大きい」と話します。

「耳が聞こえないだけで、作業は健常者と同じようにできる。健常者との会話はほとんどが身ぶり手ぶりで伝わりますし、必要があれば筆談する。手話を理解してくれる人も多いので、不便を感じることはほとんどないです」と胸を張ります。

もう一人のリーダー、水口正人さんは、仕上がった本にカバーや帯を装着したり、しおりや葉書などを挟み込んだり、機械でできない作業を人の手で行う「手作業」と、仕分けや梱包などできあがった本を書店などへ出荷するために必要な工程の責任者を務めています。「自分が担当した本が書店に並んでいるのを見かけると、たくさんの人が手に取ってくれているんだなと感慨深い」と水口さんは笑顔を見せます。

アイワード本社

水口正人さん（左）と山地寿朋さん

奥山敏康社長（左）と大沢眞津子副社長

山地さんと水口さんは「会社や先輩方に助けてもらっていた立場から、自分の思いや技術を若い社員に伝える立場になってきました。さまざまな障がいのある人がいきいきと働けるアイワードの社風は、障がいのある先輩や仲間と、私たちをよく理解してくれるほかの社員の皆さん全員で築いてきた。それを継承していくのが古株になってきた私たちの役割だと考えています」と力強く語ってくれました。

出産しても子育てしてもキャリアを伸ばせる

奥山社長と大沢副社長は「先代社長の木野口相談役は社員みんなから意見を出してもらい、さまざまなことを徹底的に討論して経営を進めてこられた。木野口相談役の『会社は社会の縮図』という考えを大切にし、男性と女性、健常者と障がい者が協力し、お互いを思いやる職場環境づくりを目指してきた」と口を揃えます。「その上で、一人ひとりにできる仕事を見極め、それぞれの能力を最大限に活かす工夫をし、成長と成功の道筋を照らしてあげるのが『人を大切にする経営』であり、そのための環境整備こそが企業の使命だと考えている」と語ります。

また、アイワードは世間で「女性活躍」が叫ばれる前から女性社員の活躍を重視し、キャリアアップを支える環境を整えてきました。

1998年に入社した遠山奈央さんはクリエイション部に勤務し、主に組版編集やデザインを担当しながらキャリアを重ねてきました。2000年に社内結婚し、2002年に長男、2006年に次男、2011年に長女を出産。遠山さんは「3回とも産休と育休を取得し、それぞれ約半年間を出産と育児にあてることができました。長男のときは20年以上前でしたから、社会にはまだ『結婚したら女性は退職し、家事・育児をするべき』という空気が根強く残っていた時代。そうした中で、当社にはすでに産前・産後の休暇制度に加えて、働く女性が妊娠や出産を理由に退職を選ぶことがないよう、仕事と子育ての両立を応援してくれる雰囲気が整っていたので、とても心強かったです。何より理解し、サポートしてくれる上司や同僚に恵まれたことに感謝しています」と話します。

「会社の制度と家族の協力で、メリハリを付けて働いています。仕事も子育ても完璧を求めたらキリがないと、ときにはそんなふうに割り切って、私らしく働く幸せを得ています」。

1998年入社の珍田由華さんは、2人の子どもを生み育てる女性管理職です。コロナ禍に新設された技術広報部の部長を務め、SNSなどデジタルツールを活用し、自社の認知度を高めたり、自社の技術とサービスを広く発信したり、営業部と連携して販促戦略を立てたり、アイワードの〝ファンづくり〟に奔走しています。

２００７年に結婚した珍田さんは、２００９年に第一子、２０１３年に第二子を出産しました。珍田さんは「女性の活躍や子育てとの両立を会社全体で応援してくれる土壌はありましたが、当時、私が所属していた制作系の部署は若い社員が多く、子育て世代が少なかったので、産休や育休を取ることで仲間にしわ寄せがいくのではと悩みました」と振り返ります。

退職も頭をよぎりましたが、不安そうな珍田さんを上司の一言が救いました。「大丈夫、何も心配は要らない。まずはやってみて、うまくいかないところがあれば会社や周囲のみんなと相談しながら、今の自分だからこそできることを見つけてほしい。あなたが前例となって、誰もが働きやすい職場をいっしょにつくっていこう」。

妊娠を祝福されると同時に、安心して早く戻ってきてと激励され、一気に気持ちが軽くなったと話します。「今度は、経験者の私が、これから出産と育児を経験する後輩たちを応援し、安心して仕事と子育てを両立できるように支えていきたいです」。

「育休は人生にも仕事にもプラスに」

２０１７年入社の相知拓海さんは、営業部に所属し、大学など教育関連の出版印刷物の受注に努めています。相知さんは、第三子が生まれた２０２３年４月、妻の出産前日から約半年の育児休暇を取りました。保育園に通う５歳の長女と３歳の次女がいて、妻の入院中に誰かが２人をみる必要があり、また、退院後も育児を妻一人に任せるのは大変と考えたからです。

営業部では当時、男性が妻の出産にあたり、数日程度の育休を取るケースはあったにせよ、長期間の育休を取った前例はありませんでした。相知さんは「取引先と密なコミュニケーションを取りながら、きめの細かいサービスを提案・提供していくのが当社の営業スタイルです。長期に休むとなれば、取引先との関係に支障を来さないかという心配がありました。また、同僚に負担が増えるので、嫌な顔をされないか不安もありました」といいます。

「でも、上司に相談すると、すぐに了承が得られました。『必ず人生にも仕事にもプラスになる』と助言していただき、いろんな不安が払拭されました。同僚も『育休中に何かあればサポートするから安心して』と背中を押してくれました」。

育休中は、授乳やお風呂、寝かしつけなど、家事全般をして過ごしたそうです。相知さんは「生まれたばかりの子どもと貴重な時間を一緒に過ごすことができ、子どもの成長を目の前でみられて感動しました。また、妻とも育児の大変さを初めて共有することができました。勇気を持って一歩を踏み出すことで、価値観が大きく変わりました」と話し、男性育休の取得を通じて得られるものは大きいと訴えます。「経験者として、男性が育休に入りやすい、育休後に職場に戻りやすい環境づくりに貢献していくつもりです」と相知さんは力を込めます。

「自分らしく、楽しく働ける」職場

学校の進路指導室でアイワードの会社案内に輝くような笑顔の女性が写っていたのを目にして、入社したいと思うようになった話す横山美樹さん。「ここなら自分らしく、楽しく働ける」と感じ、1984年に入社しました。以来、主にプリプレス工程にかかわる業務を担当し、印刷技術の進化とともに41年歩んできました。

珍田由華さん

遠山奈央さん

横山美樹さん

相知拓海さん

石狩工場

横山さんはクリエイション部で、全体を統括する執行役員を務めています。全社を結ぶ進行管理ソフトを使って、日々変化する進捗状況を把握しながら、工程調整を行っています。横山さんは「障がいの有無、性別の違いにかかわらず協力し合う社風」に育てられてきたといいます。「幸せなことに、入社前に直感した通り、私自身、性別を意識せずに働き続けています。今の私の役目は調整役。チームだけでなく、会社全体の和を大切にしながら、社員全員が働きやすい職場づくりに何よりも力を入れています」と話します。

横山さんが思い描く多様性に富んだ会社、職場は、障がいを「個性」として捉えるような組織です。「個性を認め、自分と異なる人であってもお互いに尊重できるような組織が、本当の意味で多様性のある会社、職場だと思っています」。横山さんがチームのメンバーや社員たちと接する時に心掛けているのは、「一人の存在として尊重する」ことです。

「相手が『何を大切にしているのか』を知ることがスタート地点。人は大切にしていることを理解して、受け入れてもらえると距離が近くなります。何を大切に思い生きているのか、これから何を守っていきたいのか。例えば、仕事と子育てをどのように両立させたいかという理想も、女性一人ひとりによって異なるものです。出産前と変わらずに第一線で活躍したいというキャリア志向の人もいれば、子どもが小さいうちは仕事をセーブして無理なく働きたい人もいます。年齢も人生経験もさまざまな人たちなので、一人ひとりが持つ価値観を何よりも大切にして、押し付けではなく、その人ならではの働き方を見つけ、実現していくサポートに力を尽くしたい」と語ります。

経営者と社員が共に学び、次の50年につなげる

中小企業の経営は、経営者と社員の関係を基礎に成り立っており、経営者と社員が可能な限り同じ思い、目線を持ち、それを発揮して結果を出し、継続していくことが企業の命運にかかわるといわれています。

奥山社長は「私は、社員は誰一人として欠けてはならない人材で、会社にとって必要な能力を持っていると考えています。経営者が心を込めて、学ぶ機会を用意していくなら、必ずや大きな成長を遂げてくれるものと確信しています。印刷業は不況産業と言われますが、逆風にさらされながらも、人を大切にし、人本位の経営を貫き、経営者と社員が共に学び合いながら、次の50年に向けて会社を発展させたいです」と未来を見据えます。

企業データ　　会社名　**株式会社アイワード**				
所在地	本社・工場：〒060-0033　札幌市中央区北3条東5丁目5番地91 東京営業部：〒101-0065　東京都千代田区西神田2丁目4番3号　高岡ビル6階 札 幌 工 場：〒060-0033　札幌市中央区北3条東4丁目5番地64 石 狩 工 場：〒061-3241　石狩市新港西3丁目768番地4			
連絡先	TEL 011-241-9341　FAX 011-207-6178			
年間売り上げ（直近のもの）	35億1548万円（2024年3月期）			
従業員数（正規、非正規別）	正規社員	187人	非正規社員	34人
従業員男女比	男性	57%	女性	43%
平均勤続年数（男女別）	男性	24年	女性	17年
離職率（入社5年未満）	29%			
育休取得率（男女別）	男性	100%	女性	100%
女性管理職比率	22%			

※女性管理職の定義については企業ごとに異なるため、企業の意思決定層にいる女性を対象とします。
※データは2024年7月現在の状況

第3章

株式会社きのとや

わすれるな
1997年7月29日

03 社員の幸せを第一に考える会社

おいしいお菓子作りは社員の幸せを実現するため

1983年に札幌市白石区東札幌で創業した「きのとや」。5人の従業員でスタートした小さなお店は、デコレーションケーキの宅配で注目され急成長。2000年代に入ってからは土産菓子業界にも参入し、現在はきのとやをはじめとした6社を擁する「北海道コンフェクトグループ」となり、グループ社員632人を抱える企業となっています。

経営理念の第一は「全社員とその家族の幸せを実現する」。創業者の長沼昭夫さんが1993年に初めて掲げた経営理念は「お客様の満足」「社員の幸福」「会社の発展」でしたが、ある事故をきっかけに社員の幸福を第一に掲げています。社員が仕事もプライベートも充実できるよう、さまざまな取り組みを行っています。

例えば、誕生日にはお祝い金を支給し、両親など大切な人に感謝を伝えるための特別休暇、毎年14日連続で取得可能な「夏季特別休暇制度」、早朝から出勤して洋菓子を作っている製造部の社員に温かくておいしい昼食を食べてもらいたいとの思いから本社工場に社員食堂も作りました。夏場は自由に食べられるアイスを用意したり、自社で製造している卵と牛乳を無料で配布するなど細かな気配りがあふれています。

また、長沼さんは会社とは別団体の「長沼昭夫基金」を個人で立ち上げ、社員の子どもの保育園や幼稚園の保育料を補助（上限3万円）、小学校・中学校・高校入学時にはお祝い金、高校卒業時には30万円もの卒業祝い金を渡しています。

「封筒に入れて手渡しするので、中を見ると驚かれます。高校卒業時は進学などで一番お金がかかるので、それを応援したいという気持ちです」と長沼さん。社員を大切に思う気持ちがこもっています。

「商売をするなら菓子屋がいい」

長沼昭夫さんは札幌市出身。１９７２年に北海道大学水産学部を卒業後、新冠町にある北大ＯＢの経営する「新冠ユートピア牧場」に就職しました。その当時、牧場は肉牛の育成を中心とした総合畜産業へ事業を拡大していて、長沼さんはそこで新しい牧場づくりを担当することになり、養豚や野菜の栽培も行いました。

１９７３年2月から単身アメリカに渡り、約3カ月をかけて全米各地の大規模農業を視察。農業大国アメリカを体感しました。しかし、帰国後に起こったオイルショックの影響で牧場経営は悪化。長沼さんは１９７５年に牧場を去ることを決めました。

札幌に戻り「ばんけい観光」に就職。札幌市中心部にある居酒屋の仕入れ担当として働き始めましたが、社長から「月１００万の赤字をなんとかしてほしい」と店長に任じられました。そこで始めたのがビールの飲み放題とホタテの炭焼き食べ放題企画でした。まだ飲み放題が珍しい時代でもあり爆発的にヒット。半年で黒字転換を果たしました。

そして大手スーパーに転職。この頃に、金融業を営む義父の「サラリーマンより自分で商売をした方が面白い」「商売をするなら菓子屋がいい。お客さんがうきうきと楽しそうだ。あんなにいい仕事はない」という言葉が、洋菓子店を開業するきっかけになりました。

「洋菓子きのとや」創業

長沼さんは1981年に大手スーパーを退職すると同時に開業準備を開始。人気洋菓子店を見て回り構想をふくらませていきました。店舗は札幌市白石区にあった義父の会社の支店1階に決定。内装にこだわり、洋菓子店というより宝石店のような豪華なしつらえで、照明や食器なども一流品をそろえました。

ケーキのショーケースは大理石造り、ティールームも併設しました。商品は顔見知りのケーキ店から仕入れることが決まりました。こうして1983年、「洋菓子きのとや」がオープンしました。

しかし、すばらしい店舗とは裏腹に客足は鈍く、1日に10人、売り上げが1万円ほどという日もあり、開店1カ月でこのままでは経営が成り立たないということが判明しました。肝心のケーキの商品力が弱いことが原因のひとつと考えられました。

長沼さんは、おいしさを最優先にし、自分が納得できるケーキを自分の目の届くところで作ろうと決心しました。

事務所スペースを工房に改築し、33歳の若手パティシエ・加藤忠雄さんを迎え、最高の材料をそろえました。加藤さんは小樽と札幌に店舗展開している人気洋菓子店でチーフパティシエとして活躍していた腕を持つ職人。「最高の洋菓子を作ってほしい」という長沼さんの要望に応え、開店から5カ月目にして自社製の洋菓子を店頭に並べることができるようになったのです。

ケーキの受注と宅配で人気に

加藤さんのケーキのおいしさに、徐々に客足が伸びていきましたが、売れ残って廃棄する商品があまりにも多いことが課題となっていました。ロスを減らすために長沼さんが思いついたのはケーキの受注生産でした。

営業担当を採用し、誕生日や記念日などのデコレーションケーキの予約販売に力を入れ始めました。さらに、地下鉄白石駅徒歩5分、駐車場5台分という立地の悪さをカバーするため、札幌近郊までなら無料で配達するという宅配サービスも開始。

当時ケーキの配達は珍しく、マスコミにも注目されて新聞や雑誌、テレビで紹介されるたびに売り上げが伸びていきました。手の込んだ贅沢なデコレーションケーキは採算が合わない商品でしたが、販売台数が増加し利益が出るようになりました。

クリスマスの失敗

好調のデコレーションケーキでしたが、１９８４年、創業から2年目のクリスマスに大きな事件が起こりました。24日のクリスマスケーキの予約は1千台。このうち8割が配達用でした。販売当日に作ることにこだわり、日付が変わる午前0時過ぎからケーキづくりに取りかかりましたが、午後3時頃で４００台しか完成していなかったのです。

配達のスケジュールは大きく狂い、店内も混乱し始めました。時間が経つにつれて客から問い合わせの電話が増え、声には怒りがこもっていきました。配達を待ちきれない客が店に直接取りに押し寄せ、店内はパニックに陥りました。結局半数の５００台が間に合いませんでした。

「翌日、お詫びとともにケーキを届けて全額返金しましたが、お客様からお叱りを受けました。予約を取ってくれた営業担当にも申し訳ないことをしました。すべては洋菓子を作ったことも知識もなく、その大変さを理解できていなかった私の未熟さが原因でした」

と長沼さんは振り返ります。

5つの日本一でやりがいを喚起

創業して半年ほどは売れませんでしたが、自社ケーキを販売するようになってから売り上げは伸び始めました。クリスマスケーキの失敗がありましたが業績はずっと右肩上がり。創業3年目から黒字に転じ、5年目には年商2億5千万円になり、宅配件数も年間1万1千件を超えました。

その頃、原料問屋の営業マンから「1店舗で5億円を売り上げたら日本一になる」と聞き、社員にやりがいを持ってもらうために日本一を目指そうと考えて5つの目標を標榜しました。

①1店舗当たりの売上高日本一

これは1989年に達成することができました。同年に札幌市東区に東苗穂センター工場が完成し生産・販売体制が拡充。目標を10億円に改めましたが、1993年にそれも達成。成長軌道に乗りその後も売り上げは伸び続けています。

②おいしいケーキ日本一

売り上げを伸ばすために日本一おいしいケーキを目指しました。良い材料を使い、冷凍技術を導入せず作りたてを提供すること、より手間をかけることにこだわりました。長沼さんは妥協せず貪欲においしさを追求しました。

③お客様の満足日本一

顧客満足度を上げるにはおいしさはもちろん、お店の雰囲気と接客も大切です。「来てよかった。また行きたい」と思ってもらえる雰囲気作り、お客さんの要望にできる限り応える接客を目指しました。

④1店舗当たりの粗利益高日本一

これは無駄を省き効率的な運営を目指そうというもの。無駄が減れば生産性が上がり利益率も上がります。長沼さんは現場を見て回りさまざまな改革を行っていきました。

⑤従業員の賃金日本一

前述の4つの目標を達成するためには最終的に給料も日本一を目指さなければならない。賃金はもちろん、福利厚生や社員が安心して働ける環境づくりに取り組みました。

5つの日本一という目標を掲げそれを達成していくと、社員の中に「日本一の職場で働いている」というプライドがわいてきます。これが働く意欲とやりがいにつながっていま す。しかし、おいしさや接客、いい店づくりにはこれでいいというところはありません。②以降の目標はさらに上を目指そうというモチベーションになっています。

食中毒事故の発生

急成長を続けていた「きのとや」ですが、1997年7月に屋台骨を揺るがす事故が起こります。「ケーキを食べたお客様から、家族全員お腹を壊して下痢をしているとの電話があったので、お詫びに行ってきました」という管理部の佐藤誠部長（現・北の食品株式会社会長）からの電話が事故発覚の皮切りでした。

翌日保健所に食中毒症状を訴える連絡が3件入り、本社工場に札幌市衛生局（現・札幌市保健福祉局）による調査が実施されました。調査によって、残っていたケーキからサルモネラ菌が検出され、きのとやのケーキによる食中毒であることが判明。5日間の営業停止処分を受けました。

この時点で患者数は145人にのぼり6人が入院。75人が病院で治療を受けるという事態になり、最終的に患者数は200人に達しました。サルモネラ菌は一定温度で一定時間加熱することで死滅しますが、その温度管理が徹底されていなかったことが原因でした。「食中毒を起こせば簡単に会社はつぶれる」と社内でくり返し注意を呼びかけていたにもかかわらず起こってしまった事故。長沼さんは創業以来積み上げてきたものが、音を立てて崩れていくのを感じました。

全社員を本社工場に集め、食中毒を出したことを発表し、事故を起こしてしまったことを謝罪しました。食中毒を引き起こしたケーキをどの社員が作ったのかは調査で特定できていましたが、長沼さんはその人たちを責めることはしませんでした。責める気が起きないし、作った社員の責任ではないと感じたからです。

「食中毒を起こすような体質にしてしまったのは私だ。すべての責任は社長である私にある。これから被害に遭われたすべてのお客様にお詫びに行く」と涙ながらに話しました。泣き出す社員も多かったといいます。

すべてのお客様に謝罪

長沼さんは1人で約200人の被害者のもとを1軒1軒訪れて謝罪しました。

「被害に遭われた方にしてみれば、最高責任者に謝ってほしいと考えるのが当然でしょう。こんなにも辛く苦しい仕事を社員にさせるわけにはいかない。わずかな見舞金を持って行ったところで到底納得はしていただけないし、菓子折りなどはもってのほか。何も持たずに伺って、ひたすら頭を下げました。厳しいお叱りの言葉をいただいたり、1時間近く土下座でお詫びしたお宅もありました」と振り返ります。

さらに「『うちの子は北海道代表として全国大会に出場が決まっていたのに、食中毒のせいで行けなくなった』と涙を浮かべて言われたときは、お子さんにとって取り返しのつかないことをしてしまったと胸が激しく痛みました。妊娠している女性もいて、無事に出産されるまで不安でした」と言います。

被害の弁償は、領収書の有無に関わらず費用をすべて請求してもらうことに。休業補償や慰謝料などすべての請求を受け入れ全額支払いました。謝罪と迅速な対応によって約1カ月で事態は収拾しましたが、これによって億を超える資金が流出。社員の給料は残った資金をかき集めて何とか支払うことができたというくらい、深刻な経営危機に陥りました。

経営理念を見直し

この事故によって長沼さんが心を打たれたことは誰一人として辞める社員がいなかったことです。今回の事故に対する長沼さんの姿勢と行動、言葉の数々が社員の心をつかんだのです。「事故によって一番悲しい思いをしたのは社員とその家族です。自分たちが作っている、販売しているケーキが原因で食中毒事故を起こしてしまったというのは最も辛いことだったと思います。経営も厳しかった。でもその中でも誰一人辞めずについてきてくれた。事故を経験したことで社員の気持ちが一つになりました」と言います。

さらに「店の営業停止期間中は中田英史店長（現・きのとや社長）を中心にスタッフ全員が終日掃除をしてくれました。徹底的に磨き上げ、外壁のタイルの目地まで歯ブラシでこすって汚れを取ってくれたんです。社員には感謝の気持ちしかありません。これをきっかけにお客様よりも社員を第一に考えるようになりました」と目を細めます。

経営理念を「社員の幸福」「お客様の満足」「会社の発展」の順番に改め、社員とその家族の幸せを実現するためにお客様の幸せに貢献する。それが会社の発展につながっていくという経営理念のもと再出発しました。今でも本社工場には「わすれるな　1997年7月29日」と書かれたボードが掲げられ、毎年発生日には長沼さん自らが当時のことを語る「安全祈願朝礼」が行われています。

「ケーキの店」から「洋菓子メーカー」へ

1993年に10億円に達した売り上げは、その後は頭打ちになっていました。創業以来、生菓子からクッキーなどの焼き菓子まで、すべて職人による手作りでした。2000年ごろまで生菓子と焼き菓子の割合は8対2。しかし、手作りの洋菓子は手間がかかり生産量にも限界がありました。このままではさらなる成長は望めないと考えた長沼さんは、生菓子と焼き菓子の比率を変えることを決断し、焼き菓子の商品開発に力を入れていきました。

大量生産の洋菓子として初めて開発したのは、ふんわり滑らかな食感のスフレでした。1999年に「きのとやスフレ」を発売。2000年からは新千歳空港の総合土産店で販売を開始しました。

創業者で現在は北海道コンフェクトグループ会長の長沼昭夫さん

生クリームデコレーションケーキ

工場に掲げられているボード

札幌農学校の北海道ミルククッキー

創業時の店内。右奥はティールーム

このときに卸売り販売という形態を開始し、土産菓子市場への参入を果たしました。石屋製菓、ロイズコンフェクト、六花亭などの企業がしのぎを削る競争が激しい市場ですが、スフレの売れ行きは好調で、空港1カ所で毎日200箱以上が売れました。道外の北海道物産展にも出品し好評を博し、2003年には年間3億円を売り上げるヒット商品に成長しました。

翌年にはスフレ事業部を分離させて「きのとや製菓株式会社」を設立しました。続いて2005年に北海道にまつわる土産菓子を作りたいと考案した「札幌農学校　北海道ミルククッキー」を発売。ネーミングは、北海道大学の前身である札幌農学校に由来します。北海道大学の入学式会場で初めて販売したところ、用意した1千箱が1時間で完売しました。本社工場を増築し、焼き菓子の製造ラインを増強しました。

「札幌農学校」はモンドセレクションで3年連続最高金賞を受賞する快挙を成し遂げ、年間10億円を売り上げ、スフレをはるかに超える大ヒット商品になりました。

2000年に11億円だった売り上げは2007年にはグループ全体で22億円と倍増。また、売り上げの一部は北海道大学に寄付しています。こうしてきのとやは「ケーキの店」から「洋菓子メーカー」へ体質改善を果たしたのです。

おいしいお菓子のために新たな挑戦

長沼さんは2015年に社長を退任し代表取締役会長となり、後任の社長には専務の佐藤誠さんが就任。佐藤さんは食中毒事故のときに管理部長を務め、製造部長などを歴任し長年長沼さんの右腕となってきた人物です。

後任の専務には白石本店の店長として事故を乗り越えた中田英史さん、札幌農学校の開発責任者の熊木真さんが就任。創業初期からきのとやを支えてきた2人です。長年にわたり培ってきたきのとやブランド、「長沼イズム」とも言える経営方針をしっかりと受け継いでいます。

会長となった長沼さんは新たな挑戦を始めました。20代の頃に夢見たけれど途中で挫折してしまった酪農です。2017年に新冠町にある、「新生ユートピア牧場」を引き継ぎ、「きのとや直営農場ユートピア」として養鶏業を開始。現在は平飼いの鶏6千羽を飼育し、そこで採れる卵をお菓子作りに使うほか、「ユートピアの平飼いたまご」の商品名で販売しています。

2018年には日高町にある離農後の牧場を引き継ぎ「きのとや直営牧場ユートピア」

を設立し酪農にも着手。乳用牛80頭を放牧し、50頭から1日1千リットルを搾乳。生乳はきのとやファーム店（札幌市清田区）に併設されたミルクプラントで牛乳に加工。お菓子やソフトクリーム、飲むヨーグルトの材料に使用しています。

卵や牛乳、飲むヨーグルトはきのとやの一部店舗限定で販売。きのとやファーム店のカフェでは「ユートピアのたまごかけごはん」を提供しています。

「おいしいお菓子を作るためには良質な材料が不可欠です。納得できる材料を手に入れるため、そしていずれは再び農業経営に挑戦したいという思いを実現するために新たな挑戦をスタートさせました。北海道の酪農はメガファーム化が進んでいますが、酪農は家族単位でやるのが理想だと考えています。私たちの養鶏場と牧場は家族経営規模です。家族経営で一家が豊かに食べていけるスタイルを確立することができたら、酪農に魅力を感じる若い人が増えて北海道の農業の可能性が広がると思います。日本の食料自給率を上げることも視野に入れて、モデルケースを作りたいと考えています」

社員の幸せを第一に考えてきのとやを経営してきた長沼さんは、今北海道の農業の発展も見据えています。まだ夢の途中。挑戦は続いています。

企業データ　会社名 **株式会社きのとや**				
所在地	白石本店：〒003-0003 札幌市白石区東札幌 3 条 5 丁目 1-20			
連絡先	電話番号：0120-24-6161			
年間売り上げ (直近のもの)	非公表			
従業員数 (正規、非正規別)	正規社員	71 人	非正規社員	118 人
従業員男女比	男性	10%	女性	90%
平均勤続年数 (男女別)	男性	7 年	女性	5 年
離職率 (入社 5 年未満)	23%			
育休取得率 (男女別)	男性	100%	女性	100%
女性管理職比率	66.7%			

2024 年 7 月 1 日時点

※女性管理職の定義については企業ごとに異なるため、企業の意思決定層にいる女性を対象とします。

第4章

株式会社特殊衣料

オンリーワンの商品づくり

04 だれもが優しく働ける会社

専業主婦から社長に転身

札幌市西区、鉄工団地の一角に、障がい者雇用と福祉に力を入れる特殊衣料という会社があります。病院や福祉施設のリネンサプライを中心に、福祉用具の企画・製造・販売・レンタル、施設の清掃を行っている会社です。

創業したのは現在会長を務める池田啓子さんの叔父の田中弘さん。1979年に札幌市東区に会社を構え、病院や福祉施設向けの大人用布おむつのクリーニング事業をスタートさせました。その後おむつだけではなく入院患者や施設利用者の肌着などの衣類やタオルなどのリネンサプライも行うようになりました。当時、専業主婦で2人の母親として生活していた啓子さん。叔父に「手伝ってくれないか」と頼まれ、1984年の工場移転を機に週1回経理のパートとして勤務したのが、特殊衣料とかかわったきっかけでした。軽い気持ちで始めた仕事でしたが、啓子さんは徐々に仕事に魅力を感じるようになります。「集金などで取引先に行ったとき、看護師さんなど現場の方から相談を受け、それに応えて商品やサービスを提供し、感謝されたことが仕事のやりがいにつながっていきました」と言います。正社員として働くようになり、まずは課長、そして役員となり、専務を経て1996年に2代目社長に就任しました。「専務時代、私が社長を説得して障がい者雇用を始めたので、彼らを守らなければという強い責任感がありました。でも、一方で社長は重責でとても担えないという思いもあったのです」と啓子さんは振り返ります。

背景にはかつてのつらい経験がありました。啓子さんの父は、啓子さんが中学生時代に事業に失敗して経営していた会社が倒産。家族の生活は一変しました。「もし私が社長を務め、倒産させてしまったら、家族につらい思いをさせる」と啓子さんは一時は離婚も頭をよぎったと言います。ですが、結果的には夫や同居する母、義母は啓子さんの決断を後押しし、啓子さんは主婦から社長へ転身します。

特殊衣料は障がい者を積極的に雇用することでも知られています。2024年6月現在、122人の従業員のうち30人が障がい者で、そのほとんどが正社員です。厚生労働省が定める民間企業の法定雇用率は2・5％（2024年現在）ですが、特殊衣料ではそれをはるかに上回る33・2％（重度障がい者を含む）。また、平均勤続年数は18年2カ月。2018年度の厚生労働省の調査によると、身体障がい者の平均勤続年数は10年2カ月、知的障がい者は7年5カ月、精神障がい者は3年2カ月ですから、特殊衣料は障がい者が就職しやすく働きやすい環境が整っていると言えるでしょう。

では、なぜ特殊衣料がこうした障がい者が働きやすい会社になっていったのでしょうか。それは、1990年に高等支援学校から知的障がいのある3年生の実習依頼を受けたことがきっかけでした。現場は狭く危険な物もあり、人手も少ない状況で実習生を受け入れるのは難しいと最初は断りました。けれども先生から何度も「あちこち断られて困っている」と頼み込まれました。熱意に打たれ、学校に足を運んで生徒たちの様子を見学して受け入れを承諾しました。1人が実習に参加し、試しにとリネンサプライ部門の仕事をやってもらいました。不安もありましたが、一生懸命に働く姿は他の社員にも影響を与えました。

「男性の生徒さんでしたが、彼の人柄が本当に良く、社員全員の中に元気に挨拶しよう、お互いを思いやろうという気持ちが生まれ、職場の雰囲気が良くなりました。卒業後入社し、現在もリネンサプライ部門で勤務し、勤続33年を迎えています。知的障がいがある人は、仕事を覚えるまで時間がかかることもありますが、皆さん向上心にあふれ、純粋でまじめです。適性に合った仕事を任せるとすばらしい成果を出してくれるんです」。こうして障がい者雇用の推進が始まりました。実習生の受け入れは依頼があるたびに行っていて、社員になるケースが続いています。

誰もが働きやすい環境づくり

知的障がいがある人には、自閉的傾向がある、複数の人から指示を受けると混乱する、言葉の指示が理解できない、感情のコントロールが難しいなど、人によってさまざまな特性があります。そういう人たちに適正な仕事をしてもらうために、特殊衣料では、障がい者が働く部署には企業で働く障がい者をサポートし、仕事のマッチングや生活支援の内容を当事者と共に考え、会社に助言も行うジョブコーチや障害者職業生活相談員を配置。難しい仕事や困っている場面ではどのような対処が必要かを考え、その都度丁寧に支援します。

例えば、自閉的傾向があり、複雑な作業が苦手な人には洗濯物をたたむ作業に専念してもらう、言葉を理解するのが難しい人には図や写真、イラストを使って指示をする、混乱を防ぐために指示する人を1人に決めるなどです。「障がいがある人にわかりやすく教えるということは、結局、障がいがない人にもわかりやすく教えるということで、どちらにも効果があります」と啓子さんは言います。

また、保護者とのコミュニケーションも大切にしています。1996年に障がいがある社員の保護者会「やよい会」を設立。これまで、キャバレーの女性に入れ込んで多額の借金を抱えてしまう、通勤バスの中で乗客とトラブルを起こす、仕事を頑張りすぎて足の裏に大きなタコができても誰にも言わず悪化してしまうなどいろいろなことがありましたが、その都度「やよい会」と相談・連携しながら対応してきました。登山など仕事を離れたレクリエーションの機会を設けて社員の本音を聞くことも。また、保護者同士が悩みを共有する場にもなっています。年に4回ほど会合を実施し、「やよい会ニュース」という会誌も発行し、好評です。

また、2008年には障がい者とともに働く際に必要なことをまとめた冊子「ともにはたらく～知的障がい者と支援者のためのマナー本」を作成。障がい者用と支援者用の2部で構成されていて、障がい者用は挨拶や返事、言葉使いや身だしなみなど、社会に出て働くために身につけておきたいマナーが平易な文章でつづられています。漢字にはルビが振られ、イラストも全ページに掲載。誰が読んでもわかりやすい本に仕上がっています。支援者用はより具体的で詳細な文章と、支援するときに予想される問題を挙げ、対処方法を記載。障がい者への理解を深め、対応を学ぶ内容になっています。「ほかの会社でも役立ててもらえるのでは」と一般販売も行っており、一般企業の新入社員研修に使われたりしています。

「ともに福祉会」設立

もう一つ。特殊衣料の名前を広めたのは、関連グループの社会福祉法人「ともに福祉会」です。「ともに福祉会」では障がい者の就労移行支援事業と就労継続支援B型事業の機能を持つ「ともに」を運営。将来の企業就労を目的に2年間のプログラムを実践して就職できる力と働き続ける力を身につけていきます。「大多数は特殊衣料に就職すると思われがちなのですが、就職先のほとんどは利用者自身が希望した企業や病院、施設です。実は特殊衣料は不人気で、開所20年間で特殊衣料に就職したのは5人だけなんです」と啓子さん。

特殊衣料ではなく一般企業で活躍する人材が育つことに喜びを感じています。これまでに延べ120人が就職し、3年以上の勤続が85%という道内トップクラスの高い定着率を誇ります。現在は50人が通所しています。

「ともに福祉会設立の目的は2つあります。1つは知的障がいがある人が安心して働くための入り口と出口を作ること。社会人としてのマナーを習得し、働くための訓練を重ねて一般就労につなげていくサポートをします。もう1つは企業での就労が困難になった人の受け皿として、心豊かに過ごせる日中活動の場所を作ることです」と啓子さんは話します。

ともに福祉会には前身となる「小規模作業所ともに」がありました。その設立は2000年。その当時は高等養護学校を卒業後に一般企業に就職する知的障がい者はほんの一握りで、しかもその大半が1年も経たずに退職するという状況でした。啓子さんはそのような状況を改善するためには、社会福祉法人を設立し、就労支援のノウハウを持つスタッフが一人ひとりの特性に合った訓練、就職支援を行い、生活支援機関とのネットワークを築くことが必要だと感じました。こうした組織を増やすには永続的に支援できる公的機関と連携していく必要があると考え、社会福祉法人の認可取得を目指しました。

啓子さんが力を入れた背景には、過去の後ろめたい経験がありました。それは、1999年にワイシャツクリーニング事業を閉じたことです。障がいの程度やその人の性格によってできる仕事、得意な仕事は異なります。適性に合った仕事を任せると、ときに健常者以上の高い能力を発揮します。その力を生かそうと、ワイシャツのクリーニング事業に着手しました。ワイシャツのクリーニングは分業制の流れ作業。知的障がいがある社員にはプレス機を担当してもらうことにしました。

しかし、事業が軌道に乗るまでさまざまな苦労がありました。プレス機のスピードについて行けず、流れが滞って作業が止まってしまったり、綿とポリエステルは別々にクリーニングしなければならないのですが、見分けられずシャツの仕分けができない人がいることが分かったり、数字がカウントできず納品数を間違えたりしてしまう人もいました。

ひとつの作業を覚えるのに時間がかかるのは障がいの特性ですが、人によっては配置換えをくり返し適性に合う作業を模索しました。悪戦苦闘の日々が数カ月続きましたが、習熟するとその出来栄えはすばらしく、取引先から高い評価を得ました。社員も自分たちの仕事に自信を持つことができました。ただ、納期がタイトで繁忙期には残業しなければ間に合わないことも多く、その場合は営業の社員が全員を最寄り駅や自宅まで車で送って行かなければなりませんでした。夏の工場は、蒸し暑く室温が40度を超えることもありました。休みも日曜日だけというハードな勤務。約5年続けましたが、従業員の負担の大きさとそれに見合った利益を確保できず、ワイシャツクリーニング事業からの撤退を決断しました。

しかし、これによって重度の障がいがある4人の社員が仕事を失ってしまったのです。ハローワークや心身障害者総合相談所などさまざまな施設を回りましたが、受け皿を見つけることはできませんでした。「多くの方に迷惑をかけ、自分の力不足を痛感しました」と啓子さん。自ら彼らの居場所を作りたいと考えたことが社会福祉法人設立の発想へとつながりました。

隣接する木工所を購入して1階を福祉用具の体験型ショールーム「ひろば」と地域交流を目的とした「はっさむいきいきサロン」、2階に「小規模作業所ともに」を開所しました。「ひとつの事業を閉じ、一生懸命働いてくれた人たちに次の仕事を提供できなかった不甲斐なさをかみしめながらのオープンは複雑な心境でした。新たな居場所として、日中活動の場として何ができるのか、利用者の皆さんにとって楽しいことは何なのかと模索しながらのスタートでした」と当時を振り返る啓子さん。特殊衣料の軽作業をはじめ、さまざまな活動を展開していきました。これがともに福祉会の前身となりました。

２００４年に社会福祉法人格を取得し「社会福祉法人ともに福祉会」を設立し、理事長に就任。翌年に「知的障害者通所授産施設ともに」を開所しました。時代のニーズに柔軟に対応するべく就労移行支援・就労継続支援Ｂ型事業の多機能型事業所へと変化を遂げていきました。２０１４年に「ともに」へ名称変更。２０１８年には「ともに宮の沢」も開所。定員も増えて規模は徐々に拡大していきました。

「ともにアート」の反響

ともに福祉会では、作業だけではなく工作や手芸などレクリエーションを取り入れようとアート活動も行っています。利用者たちは、毎週木曜日に2時間、思い思いの絵を描きます。月に1回、銅板作家・臼井千晶さんが絵画指導も行っています。動物や植物、細密画や抽象的なものなど人によって描くものはさまざまで、似顔絵が得意な人もいます。線や形、色使いはどれも個性的で魅力にあふれています。これまでに2万点もの作品が生まれ、デザイナーの曽根岡薫さんが彼らの作品を生かし、多少のアレンジも加えて「ともにアート」というブランドで商品化。ともに福祉会にはアートギャラリーがあり、たくさんの原画が展示され、グッズコーナーではポストカード、バッグ、Tシャツ、ふせん、マスキングテープなどさまざまなオリジナルグッズを販売し、好評を得ています。

授産施設やバザーなどでも販売していましたが、クオリティーの高さが評判となり、一般の雑貨店での取り扱い、売り上げのどちらも増えています。現在は全国23カ所に商品を卸しています。「障がい者支援として買うのではなく、商品として気に入って購入してくださる方が多いのが嬉しいです。気に入って買った後で、障がい者が作ったものだと気づく、という流れがもっと増えていくことを期待しています」と曽根岡さんは話します。

ともにアート作品が札幌市内2カ所のローソンでトイレの壁紙に採用されたり、生活クラブ連合会が発行している月刊誌「生活と自治」の表紙を利用者の絵が飾るなど活躍の場が広がっています。

お客様の相談から誕生した「アボネット」

特殊衣料ではバリエーション豊かな福祉用具を制作していますが、同社を代表するオリジナル商品は「アボネット」という保護帽です。これは一見普通の帽子ですが、転倒した際の衝撃を和らげ、頭を保護する機能を備えています。

誕生のきっかけは脳障害を患っている女の子の親からの電話で、「娘のために、軽くて洗える保護帽を作ってもらえませんか？」というものでした。それまで女の子が使っていたのはフルフェイスのヘルメット。重さでふらつき、転ぶことも多かったそう。当時、頭部を保護する帽子は売られていましたが、ヘッドギアのような形のものばかりで見た目も悪く、素材が固くて洗うことができないものでした。

その頃特殊衣料ではてんかん症状のある実習生をクリーニング工場で受け入れていました。工場の床はコンクリートで、発作を起こして倒れたときの対策を考えている最中でした。啓子さんはその女の子と特殊衣料を訪れる実習生のために、軽くて洗うことができて普通の帽子に見えるデザインの保護帽作りに取り組むことを決意しました。リネンサプライ事業でシーツのほつれや衣類の破れなどを修繕するための作業場を持っていたことも帽子作りに役立つと考えました。

帽子作りのノウハウが何もないところからスタートした保護帽作りは難航しました。適した生地や緩衝材を集め、何度も試作をくり返しましたがなかなか納得がいくものを作ることができませんでした。

転機が訪れたのは2000年10月。札幌市で福祉産業の振興を図る産学官連携の「福祉用具デザイン開発・研究プロジェクト」が設置されたことでした。特殊衣料、札幌市立高等専門学校（現・札幌市立大学）、札幌市経済局がメンバーとなり企画・開発が進められました。寒冷地札幌の地域特性を踏まえ、冬道での転倒時に頭部を保護し、軽くておしゃれで誰もが安心してかぶることができるユニバーサルな帽子という明確な商品コンセプトが定まりました。衝撃吸収の実験を行い、安全性の裏付けデータも取りました。

そうして2002年「アボネット」の販売が始まりました。サイズやデザインも選べるようにさまざまなバリエーションを用意し、日常生活に溶け込むデザイン性と高い安全性が人気を博しました。2004年には北海道電力の検針員の帽子に採用。作業中の事故対策として頭部を保護する作業帽として使われるようになりました。2008年には市販の帽子に取り付けられる保護インナーを開発。2011年からは一般財団法人日本自動車研究所と共同開発を開始し、今では障がい者だけではなく子どもから高齢者向け、工場作業中の事故対策用など幅広い分野に用途が広がっています。

アボネットを購入した人からは「オシャレでかわいい。ファッションとしてかぶりたい

1. 縫製工場。ここでアボネットをはじめさまざまな福祉用品を作っている **2.**「ともにはたらく〜知的障がい者と支援者のためのマナー本」 **3.** ともにの1階にコーナーを設けてさまざまなグッズを販売　**4.** 大胆な構図と色使いが魅力的なアート作品

障がいのある人とない人が共に助け合い、協力して働いている

帽子です」「インナーを付けることで他の子と同じ帽子をかぶれるようになりました」「外に出ようという気持ちになり、世界が広がりました」など感謝の声が寄せられています。

他にも高齢者や障がい者の身体機能と心の変化を疑似体験できる学習キット「まなび体」、食事エプロンなど自社商品数は100を超えます。商品開発には工学博士、理学療法士、看護師、デザイナーなど各分野の専門家に協力を依頼しプロジェクトチームを結成。「介護から快護へ」をモットーに、使う人の気持ちに寄り添い、よりよい商品、質の高いサービスの提供に力を尽くしています。

お客様からのヒントが商品に

「私たちの会社は、お客様に導かれてここまできたと思っています」と啓子さんはこれまでの歩みを振り返ります。

取引先に集金に行ったり、納品したりする中で看護や介護の現場から「これ修繕してもらえる?」「こんなものがあると助かるのよ」などと頼まれ、それに応える形で物を直したりちょっとした介護用品を作ったりするようになりました。その中から商品化の発想が生

池田啓子会長（左）と池田真裕子社長

さまざまなデザインのアボネット。50 種類を超えるバリエーション

まれてきたといいます。

「当初は会社側から取引先に提案や売り込みをすることは全くありませんでした。アボネット開発も、お客様から市販されていなくて困っているという相談から始まりましたし。お客様の声に耳を傾けて行動してきた結果が会社の成長につながってきたと思います」と啓子さん。「他社と競うのではなく、うちしかできない、オンリーワンの商品づくりがうちの強みです」と言葉に力を込めました。

社会に貢献する

特殊衣料では地域とのつながりも大切にしています。毎年入学シーズンには近隣の小学校の1年生全員にアボネットをプレゼントしています。地域に貢献して愛される企業になることは、社員とその家族の喜びや誇りにつながるとの考えからです。また、障がい者はもちろん、高齢者やひきこもりの人の雇用にも積極的に取り組んでいます。

特殊衣料は事業を通して社会に貢献し、社員が誇りを持って幸福に働ける企業を目指してきました。これまでの取り組みが評価され、2017年に日本でいちばん大切にしたい会社審査委員会特別賞受賞、2019年には啓子さんが、優れた経営者に贈られる渋沢栄一賞を受賞しました。

こうした特殊衣料の「今」を築いた啓子さんは、2018年、社長を退き会長に就任、3代目社長には長女の真裕子さんが就任しました。

「会長は社員の幸せを第一に考えてきました。私もその気持ち引き継ぎ、社員や取引先の皆さんに幸せを感じてもらい『あってよかった』と思っていただける企業にすることを目標にしています。急成長は望まず、ゆっくり着実に、年輪のように成長していけたらと思います」と真裕子さん。

啓子さんのバトンは後継者にしっかりと受け継がれています。

企業データ　会社名　**株式会社特殊衣料**				
所在地	〒063-0834 札幌市西区発寒 14 条 14 丁目 2-40			
連絡先	電話番号：011-663-0761			
年間売り上げ (直近のもの)	16 億 2300 万円			
従業員数 (正規、非正規別)	正規社員	64 人	非正規社員	60 人
従業員男女比 (非正規含む)	男性	46%	女性	54%
平均勤続年数 (男女別)	男性	12 年	女性	10 年
離職率 (入社 5 年未満)	6.2%			
育休取得率 (男女別)	男性	40.00%	女性	対象者なし
女性管理職比率	33%			

2024 年 4 月 1 日時点

※女性管理職の定義については企業ごとに異なるため、企業の意思決定層にいる女性を対象とします。

第5章

株式会社スマートプロジェクト

奇跡のリフォーム

05 空き家・空き店舗を地域資源に蘇らせる会社

奇跡のリフォーム

暮らしの器である住宅は、家族の歴史とともに歩みます。家族の楽しい思い出をたくさん刻んだマイホームも、子どもが独立して出ていけば、使い勝手の悪い高齢者だけの居宅となっていきます。そして家人が亡くなると空き家が残されることになります。人口減少が続く地方都市での空き家増加は、大きな社会問題です。

北見市はオホーツク圏最大の都市で、人口は11万0781人。2024年6月30日現在のデータですが、前年同月からは1416人の減少でした。高齢化も進行し、同月の65歳以上の高齢者割合は34・8％、3人に1人は高齢者です。空き家も多く、2018年の「住宅・土地統計調査」によれば、6万3210戸の住宅のうち、空き家は8590戸。

市内の7・4戸に1戸が空家・空き室状態という北見市で、中古住宅をリフォームして蘇らせる「リノベーション住宅」によってこの課題の解決策を提案している、それが住宅会社スマートプロジェクトです。

リノベーション住宅とはどのようなものでしょうか。スマートプロジェクトが建売住宅として売り出している北見市中ノ島の住宅を見てみましょう。

建物面積25坪のこの家は、1977年の建築。今年で築47年になりました。営林署職員をされていた方が建てた住宅ですが、お子さんたちが本州に移り、妻も亡くなられて、夫のひとり暮らしが続いていました。そして夫が亡くなると空き家に。お子さんたちは処分を考えましたが、傷みが進んで不動産会社も手を出しません。どうしたものか、とスマートプロジェクトに相談があったのが2023年1月です。

スマートプロジェクトが買い取り、「ワンちゃんと暮らしやすいおうち」をテーマにリフォームがなされました。前庭にはバーベキューもできるドックランが備わり、ワンちゃんの足を洗うためのシャワーや専用小部屋もあり、気兼ねなく愛犬と暮らせる家となっています。

築50年近い住宅ですが、徹底した補強と断熱強化によって、環境性能も現代水準を確保。土地を含め同等の住宅を新築した場合と比べ、購入費は3割もお得です。

社会問題ともなっている空き家にリフォームという技を加えることで、若者のマイホームの夢を実現できる安価で良質な住宅に生まれ変わりました。

絶望から見出した光

リノベーション住宅を手がけるスマートプロジェクトは、社長の諏江春樹さんが2015年6月に北見市で設立しました。

諏江さんは1976年に北見市に生まれて地元の商業高校に進学。営業セールスが活躍するテレビ番組を見て営業職に興味を持ち、「どうせ売るなら、一生に一度買うか買わないかの大きなものを売ってみたい」と、高校卒業後、注文住宅を扱う地元の建設会社に就職しました。

営業センスのあった諏江さんは、入社10年を過ぎる頃には北見の業界でトップセールスの一人に数えられるようになります。しかし、経営者の世代交代をめぐるいざこざから、

２００３年に設立されたばかりの住宅販売のＢ社に移りました。

Ｂ社は社長と設計、現場管理の３人の小さな会社でした。そこに諏江さんは営業の専門職として三顧の礼で迎えられたのです。滑り出しは期待通りの営業成績を挙げていた諏江さんでしたが、社長は厳しい売り上げノルマを課すタイプ。人口減少と景気後退が北見にも波及し、諏江さんをもってしてもノルマの達成は容易ではなくなりました。

「最初はよかったんです。ところが数字が落ちると社長は豹変しました。何をしていたんだ！　本当に仕事してんのか！　夜の11時から12時、日付の変わる頃まで、やれ！、やれ！、です」。

営業成績を挙げるために必死の電話掛け。それが終わると詳細な営業報告を求める社長のためのレポート書きと翌日の営業準備で帰宅はいつも深夜でした。

そしてある日、諏江さんは会社で倒れて救急車で運ばれてしまうのです。諏江さんの妻で同社取締役を務める諏江亮子さんは当時を振り返ります。

「検査の結果、特定の原因は見つからず、お医者さんは精神的なものだろうと言っていました。なんとか数字を取ろうと、頑張りすぎたんです。最近遅いねって見ていたんですが、家で愚痴をこぼすタイプではないですから、一人で抱えていたんですね。結果的に私は夫を支えることができませんでした」

強いストレスによる鬱《うつ》でした。会社に行くことも、車を運転することもできなくなった夫を見て亮子さんは、転職を勧めました。

会社を辞めた諏江さんは、数カ月して就職活動を行います。住宅にかかわる仕事はもちろん、北見からも離れたいと、札幌で食品会社の面接を受けたこともあったそうです。

「全く関係の無いところにいこうと考えたこともありましたが、子どもはまだ小学生。自分のせいで転校はさせられないと思ったんです」

思い悩んだ諏江さんは、幼い頃に離婚により北見を離れ、今は釧路で工務店を営んでいる父親に相談します。「応援するから、自分でやってみたらいいと言われたんです。吹っ切れた気がしました」。

こうして2009年3月、自宅を事務所に個人商店としてスマートプロジェクトが設立されました。

新築の注文住宅と住宅リフォーム、同じ住宅関連であっても、まったく違うと諏江さんは言います。

「新築をずっとやってきた僕たちには、リフォームをどこか下に見るところがありました。ノウハウがまったく違うんです。雨漏りをなんとかしてほしいと相談を受けると、リフォームでは原因を探して対処しますが、新築屋は全部張り替えてしまえば早い、となるんです。どこに雨漏りの原因があり、最小の費用でどう対処すると良いのか、新築屋にはわかりません」

創業当初のスマートプロジェクトは、リフォームの案件を断ることはないけれども、あくまでも住宅を建てたい個人の注文に応えて家を建てる事業所でした。個人商店でしたが、諏江さんには北見で培ってきた人脈と営業力があり、家族が食べていくには十分な仕事量は確保できていたのです。

一方で諏江さんには「このままでよいのか」という意識が常にありました。模索した結果、2015年6月に株式会社として法人化。社会的な信用が高まり、売り上げも上がりましたが、「一人で抱える業務量ではないね、と言われるほどでした」と、成長のしわ寄せが亮子さんに向かうことになります。そして2016年6月23日、第二の転機が訪れます。

この日、諏江さんは、テレビ東京系列『カンブリア宮殿』を見ていました。作家の村上龍さんが企業経営者を招いて話を聞く人気のインタビュー番組で、登場したのは横浜のさくら住宅の二宮生憲社長でした。さくら住宅は1997年に二宮さんが創業した住宅リフォーム専門会社で、従業員40人ほどの中小企業ですが、「適正な価格」「適正な施工」「誠意ある対応」で年間約2000件ものリフォーム工事を行い、2015年には経済産業省の「先進的なリフォーム事業者表彰」を受賞しています。

顧客よりも社員、協力会社を大切にする、社員にノルマを課さない、価格競争をしない、採算の取れない小さな仕事を大切にする、それでいて18年連続黒字経営…。業界常識では考えられない二宮さんの言葉に引き込まれていきます。番組が進むにつれ「本当か?」という疑問が「こんな会社になりたい」という欲求に変わっていきました。

番組の最後に二宮さんが立ちあげた「全国リフォーム合同会議」の連絡先が紹介されると、諏江さんはすぐに連絡を取りました。

学んで、学んで、また学ぶ

全国リフォーム合同会議は、「安心・安全・信頼できるリフォーム会社として消費者に認識される会社を全国に広げる」ことを目的に2010年に発足した勉強会です。約30社の加盟企業の代表が年4回、横浜に集まり、経営について勉強します。加入の条件として財務諸表の提示が義務づけられており、経営数字に基づいた厳しい指摘を会員企業間で交わし合うのです。

諏江さんが初めて合同会議に参加したのは、番組を見た年の10月。

「全国の名だたるリフォーム会社が居並ぶ中で、〝そんなんじゃ駄目だ〟と怒られるんですよ。決算書を示すと、〝これはどうなっている〟〝なぜこんな数字になるのか〟と厳しく追及を受けました。経理は妻に任せっぱなしでしたから、突っ込まれても答えられないんです。宿題にさせてもらって、戻ってから必死の勉強ですよ。会議に出るのは本当に嫌でした」

地方の零細企業の社長が年4回2泊3日を会議出席のために上京することは、経費的にも大きな負担でした。それでも諏江さんが会議に出続けたのは、負担よりもはるかに大きなものを得られる確かな実感があったからでした。

合同会議では次の5人を等しく大切にすることを全会員共有の理念にしています。

（1）社員とその家族
（2）仕入れ先、外注先・協力企業の社員とその家族

（3）現在顧客と将来顧客
（4）地域住民、とりわけ障がい者など社会的弱者
（5）株主

前職のパワハラで退職まで追い込まれた経験を持つ諏江さんにとって、この考え方は衝撃的でした。

「正直に言って、自分だけが儲かればいいと思っていました。人を大切にする、誰かを幸せにする、なんて考えたことはありません。でも、そんな気持ちは会議で暴かれる。それではダメだと怒られるんです。ショックでした。気持ちを入れ換えて、人を幸せにする仕事としてリフォームを本業にしようと考えたのも会議に参加してからです」

合同会議に参加して諏江さんは変わっていったと亮子さんは言います。

「仕事のことを自分からは話す人ではありませんでしたが、会議のことなど、だんだんと聞かせてもらうことが増えていきました。仕事の軸みたいなものを学ばせてもらったんだと思います。会議に参加して2〜3年経ってからだったと思いますが、家族や協力業者とのコミュニケーションの大切さを教わり、それを実践しようとする中で、協力企業の皆さんも含めてみんなが同じ方向に向き始めていきました」

住まいの修理・スマート・リフォーム

リフォーム合同会議の二宮生憲代表（前列中央）を囲むスマートプロジェクトのスタッフら。左端は諏江春樹社長

1. 諏江春樹社長　**2.** 諏江亮子さん（右）と伊達ゆかさん　**3.** 北見市中の島のリノベーション住宅　**4.** 北見市高栄東町の美容室 LEUN・LEUN

全国の名だたるリフォーム会社の社長に交じって必死に食らいつく諏江さんを見て、合同会議の代表理事である二宮生憲さんはこう思いました。「われわれの会議に入りたいと何社も申し込みがあります。でも、そのほとんどが辞めていくのですよ。彼も初めは多くの指摘を受けました。でも彼は、分らないことは分らないと言って隠さない。宿題も必死にこなしていました。若いし、とても素直、何よりも学びたい、変わりたいという意欲を強く感じました」

二宮さんは、2017年7月に北見のスマートプロジェクトを訪ねます。自宅の隣にあった小さなプレハブが当時の事務所でした。これを見た二宮さんは「ここにいてはいけない。目抜き通りに店を構えなさい。北見なら1000万円もあれば出せるだろう。銀行で借り入れしても、君ならば返せるはずだ」と励ましました。

2018年7月、スマートプロジェクトは、北見を東西に貫くメインストリートである国道39号に面した北見市公園町に社屋を移転しました。空き店舗を改装したもので、二宮さんの助言に従って壁面に大きく「住まいの修理・スマート・リフォーム」と示し、リフォーム会社であることを強く打ち出したのです。築61年の建物とは思えない明るい社屋で、そのままリフォームのモデルハウスでした。

移転を機に事務スタッフを雇用したため、亮子さんの負担は大きく軽減されました。諏江さんはお客さまとの打ち合わせの時に、家庭内で台所を使うことが多い亮子さんを同席させるようになり、亮子さんの提案がスマートプロジェクトの売りになっていきます。

合同会議で学んだ、どんな小さな仕事であってもいとわない姿勢も信頼につながっていきました。移転から5年でスマートプロジェクトは、年間500件から600件のリフォーム案件をこなす地域一番店に成長しました。

会社を支える女性陣の存在

今、スマートプロジェクトは「デザインを楽しもう。創造を越えたものづくり集団」をキャッチコピーにしています。デザインと企画力を売りにする会社です。ここには同社を支える女性陣の存在があります。

デザイン・設計担当の伊達ゆかさんは、同社のお客さまでした。伊達さんは家族で公営住宅に住んでいましたが、子どもが生まれ、一戸建てへの引っ越しを考えてスマートプロジェクトを訪ねました。打ち合わせのために伊達さんが住む団地を訪れた諏江さんは、伊達家のアンティークを巧みに活かした内装・インテリアに感心しました。

長年、新築の注文住宅を営業してきた諏江さんには一戸建て住宅への強い思いもあり、リフォーム技術によって中古住宅を蘇らせるリノベーション住宅のアイデアがありました。諏江さんは、この人ならば、とリノベーション住宅を提案しました。伊達さんも共感して、スマートプロジェクト初のリノベーション住宅が北見市北進町に建てられました。

スマートプロジェクトは、この伊達宅を機にお客さまの希望に応じて中古住宅にリフォームを施し販売するリノベーション住宅を手がけるようになります。これまで同社が販売したリノベーション住宅は50棟を超え、道東地区でこの分野を切り開くパイオニアとなりました。

伊達さんのセンスを高く評価した諏江さんは、デザイン・設計担当として勤めてくれるように頼みます。3人のお子さんがいる伊達さんは、子育て優先のパートタイマーならばと承知しました。「子供もいて、母のこともあるので、フルタイムは難しいんですが、私の希望に合わせてシフトを組んでくれてとても感謝しています」と言う伊達さんは、雇用期間に定めのない無期雇用のパート従業員として週に4日4時間程度働いています。

こうして諏江さんが受注した案件に、亮子さんが提案し、伊達さんがデザインセンスを与えるスマートプロジェクトのスタイルがつくられていきました。

「うち」でしかできない店舗づくり

北見市高栄東町に2024年2月に開業した美容室LEUN・LEUN（ルアン・ルアン）は、同社のスタイルがよく発揮された例です。オーナーは、がん治療によって髪が抜けた人などに美容ケアを行う医療美容師の資格を持つ藤原和美さん。北見市の起業支援制度を所轄する担当課からの紹介でした。

行政支援を受けても資金的に新規店舗は難しく、中古ならば、とのことでした。スマートプロジェクトは、対象となる物件探しから関わり、安価な古材を巧みにあしらう伊達さんのデザインによって、築58年の空き店舗が美容室にふさわしいおしゃれな空間に生まれ変わりました。素敵な美容室の誕生は、この地域で、化学療法の後遺症による抜け毛で悩む人たちの大きな励みにもなりました。

地方で発信する「可能性」

地方都市では、空き家と並んで空き店舗も増えています。リノベーション店舗によって、最小の資金で空き店舗を蘇らせることができれば、資力には乏しいけれども店を持ちたいと夢見る若者の助けとなり、地域経済の活性化にもつながります。

スマートプロジェクトは、今年からこれまでの集大成とも言える事業を始めます。北海道電力が1978年に社宅として北見市緑ケ丘に建てた6棟12戸を買い取り、リフォームを施してリノベーション住宅として貸し出すことになったのです。同社初の賃貸事業です。2軒長屋の社宅だったとはいえ、2階建てで車2台を置けるスペースとバーベキューを楽しめる庭があります。これを新築アパートと変わらない価格で貸したいと考えているのです。

「マスコミでは大幅な賃上げが話題ですが、北見で所得が上がっている実感はありません。人口も減り、新築はいよいよ厳しく、みんながリフォームに参入しようとしています。このままでは価格競争です。私たちはそれをしたくない。持ち味であるデザイン力、地域に対する企画力を前面に出してやっていきたい。ここを売りにしているところは私たち以外に一つもありませんから」と諏江さんは抱負を語ります。

人口減少に見舞われた地方都市の課題である空き家・空き店舗は、リフォームによって新たな地域資源として蘇らせることができる。スマートプロジェクトは、そんな可能性を北見から発信しています。

企業データ　　会社名　**株式会社スマートプロジェクト**				
所在地	〒090-0015 北見市公園町 73-3			
連絡先	電話番号：0157-61-0303			
年間売り上げ （直近のもの）	2 億 4547 万円 （2022 年 10 月 1 日～2023 年 9 月 30 日）			
従業員数 （正規、非正規別）	正規社員	3 人	非正規社員	5 人
従業員男女比	男性	37%	女性	63%
平均勤続年数 （男女別）	男性	2.5 年	女性	6 年
離職率 （入社 5 年未満）	37%			
育休取得率 （男女別）	男性	無し	女性	無し
女性管理職比率	無し			

※女性管理職の定義については企業ごとに異なるため、企業の意思決定層にいる女性を対象とします。

第6章

株式会社リペアサービス

「なんも良いんじゃない」

06 働きづらい人が心地よく働ける会社

賃貸物件で暮らす人々をサポート

6月下旬、午前11時ごろ。「理念や幸せを自分たちの中心に据えることが大切ではないでしょうか」。賃貸物件の不具合対応を行う「リペアサービス」（札幌市北区）の富田訓司社長は朝礼の挨拶で、約30人の従業員に語りかけていました。同社には働き方に制約がある障がい者が4人、70歳以上の高齢者が3人在籍するほか、シングルマザー3人、外国籍の方1人、元受刑者2人ら多様な人材が働いています。朝礼では毎回、会社の理念を全員で唱和します。

リペアサービスは2009年、富田さんが社長を務める賃貸物件専門のリフォーム会社「ALS」の修繕部門を切り離して設立した会社です。賃貸物件の管理会社と契約を結び、その賃貸アパート・マンションで水回り、ガスなどのトラブルが発生した際、入居者から365日24時間体制で連絡を受け付けます。さらに提携する修繕業者が対応に向かうサービスを行っています。2013年に加盟世帯が1万を超え、その後、右肩上がりに世帯数は増加し、2024年は約5万9千世帯へサービスを提供しています。

成長の歩みを続ける中、同社は2019年に「障がい者就労支援企業」北海道に認定、2020年は高齢・障害求職者雇用支援機構より努力賞を受賞しています。「働きづらい人が心地良く働く職場は、誰しもが心地良い職場です」と富田さんは言い切ります。そうした多様な人材を雇用している理由は、どこから来ているのでしょうか。それをひも解く一つのカギは、「どん底」を味わった富田社長の体験が関係していました。

紆余曲折からの開業

美唄市出身の富田さんは東京の大学を中退後、アルバイトで生活したり、札幌で塾の手伝いをしたりして、1984年札幌で酒販店を父から継承。ピーク時は3店舗を経営して売り上げも4億円を超える規模となりますが、勢いのあった道内の酒ディスカウントストアとの競合に屈し、吸収合併されます。その後、知人のいくつかの事業を手伝う中で、賃貸向け物件のリフォームを個人で手掛けるようになり、2005年に法人「ALS」を譲りうけます。その4年後にリペアサービスを開業します。

事業綱渡りで借金に悩む日々

リペアサービスは当初、冬季シーズンの水道管凍結の1回無料対応を売りにしてサービスを展開します。「ALS」の社長も務める富田さんは、ほぼ年中無休で出社し、夜中に物件の現場にも駆けつける働きづめの日々を送ります。しかし、1回無料の凍結サービスは出動すればするほど経費がかかります。資金繰りはどんどん苦しくなり、会社の経営は綱渡りの状態に陥ります。

2013年1月末、気力も体力も尽き果て富田さんは体が動かなくなります。「どん底だ。もう会社をたたもうか…」。富田さんは「『事故でも起きないと借金は整理できない』と生命保険証書をもうろうと眺める日々を過ごしました」と当時の苦しみを語ります。

そんな中、メインの取引先企業に会社の閉鎖を相談したところ、その社長から「何を言っている。そんなことでへこたれるなんて、お前が会社を経営する理念は何なんだ」と言われ、富田さんは言葉に窮します。掲げる会社の理念がなかったからです。会計事務所を紹介され、その担当者からも「理念は何ですか」と問われました。「理念を作らなくては…。よし、作ろう」と富田さんは決意します。

経営理念で一念発起

自分はなぜ、会社経営を続けるのか。従業員にどんな生き方や生活をしてほしいのか―。富田さんは何日も考え込みました。「今までのやり方は効率や利益だけを求める経営だった。そうではなく社員を大切にし、その成長を促す経営が柱だ」という思いにいたります。「ALS」を含めたグループ会社の理念には、「誠実さと優しさ更に勤勉を以って」の言葉を盛り込み、「グループ社員の永続的な心地よさを追求します」と謳いました。従業員のみんなに北海道弁でいう「あずましい」(心地良い)時間に溢れるような人生を送ってほしい、と願ったからです。リペアサービスの理念の一つには「常に相手の立場に立って行動し、高度な信頼関係を築きます」と掲げました。そのためには相手の痛みを痛いと感じる感性と共感の力が必要で、共感する力を増すには従業員が一緒に楽しい時間を過ごすことが大事だと富田さんは考えました。これは同社の社風を育む原動力となっていきます。

２０１３年の春ごろ、当時10人ほどの社員を前に、富田さんは理念を発表しました。ある社員が「理念で何が変わるのですか」と質問しました。「理念は会社の憲法のようなもの。会社の判断基準はここにある。お客様のクレームなども含めて、この理念に基づいてみなさんは自分で業務を判断してください。その責任はわたしが取ります」と富田さんは力強く言いました。すると、社員の目が輝き、社内の雰囲気が変わっていったのでした。

でも、まだ経営は「火の車」でした。理念を追求する経営に舵を取った富田さんはぶれませんでした。週に数回、人としての在り方や社員の幸せを考えるセミナーに出席するなど勉強を重ねます。

「売り上げだけを追い求める経営から理念にシフトしたことで気持ちが楽になった」。そう感じていた富田さんに２０１３年冬、朗報が入ります。不動産業界の口コミでリペアサービスの加盟世帯は損益分岐点となる1万世帯を超えたのです。その後も世帯数は増え、経営はV字回復していきました。「社員を大切にしていこうと考え方を変えた結果、こうなるとは…。お天道様は見ているのだ」と富田さんは天を仰ぎ見ました。

障がい者と共生する原体験

加盟世帯数は2016年に2万、2018年には3万と増える一方で、リペアサービスの新卒、中途採用数は、人出不足で低迷していました。その打開に向けてこの年から、同社は障がい者、70歳以上の高齢者など働きづらいと感じている人を積極的に雇用していきます。戦略としての雇用の一方、富田さんは「多様な人材をどんどん雇用することで社会貢献をしたい」との思いを持っていました。

原体験がありました。美唄市の日東という集落で生まれ育った富田さんは小学生の時、小児麻痺で足が不自由な子どもと一緒に野球をしました。その子が打席に立つと、投手はアンダースローでゆっくりとボールを投げます。ヒットを打つと、ゆっくりと歩く友だちを見て、「この当たりなら二塁打かな」などと相談し、分け隔てなく野球を楽しみました。

知的にやや障がいがある小学校の同級生との思い出もあります。出席番号順で富田さんの後ろの座席にいた同級生は、授業中に大便をもらすことがありました。先生の指示で、大便の始末を富田さんはしていましたが、その同級生とは一緒に普通に遊んでいました。そうした体験から、大人になるにつれて障がい者への差別のニュースを見ると「なんでそんな差別が起きるのか」という違和感を覚えたと富田さんは言います。小学生時代の「友達との思い出」は、富田さんの心に奥深く刻まれていました。

「ありがとう」と「遊ぶ」社風

リペアサービスの朝礼では毎回、参加者全員が、社員や家族などに小さな出来事でも「ありがとう」と感謝を報告する時間を設けています。「△△さん、昨日は電話をたくさん取ってくれてありがとう」、「○○さん、夜の突然の対応に対処してくれてありがとう」、「お土産のお菓子、××さんありがとう」…。輪になった従業員は手拍子を送り、笑顔で順番に話していきます。「ありがとう」のことだまが波紋のように社内に広がります。

同社の社訓には「常に感謝の心を忘れずに、挨拶のように『ありがとう』を言葉にする」と記されています。富田さんはこう言います。「『ありがとう＝有難う』は『有る』ことが『難しい』ということです。有ることは難しい、容易ではないということです。私たちの周りに当たり前のことなんかありません。全ては誰かのおかげ様なのです。有難うという言葉が行き交う習慣ができると、こんな心地の良いことはないのではないでしょうか」。感

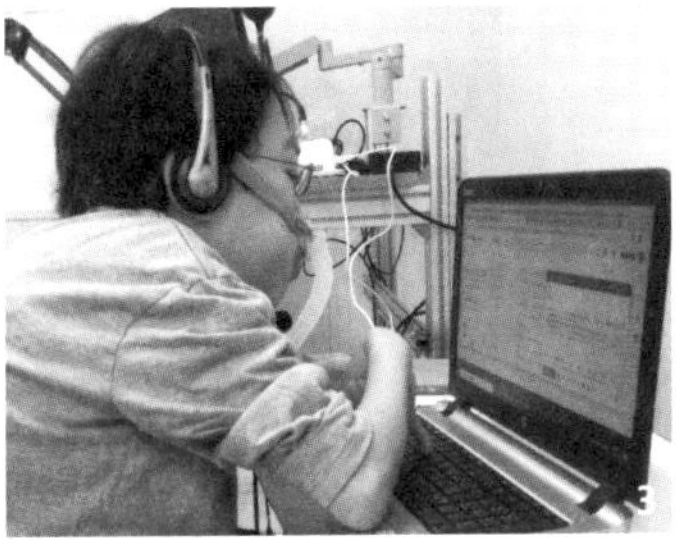

1. 富田訓司社長　**2.** 朝礼の様子　**3.** 宮川和也さん　**4.** キャンピングカー研修

謝と思いやり。それは、リペアサービスの社風と言えます。

さらに社内イベントの多さも同社の特色に挙げられます。最大のイベントは、会社保有のキャンピングカーを利用し、社員が数班に分かれて2泊3日の旅を自由に計画し、道内各地に出向くキャンピングカー研修です。

そのほかにも毎月、従業員の誕生会があり、全員で集まって祝うだけでなく、富田さんとランチを共にする時間を設けています。また、夏には社内に流しそうめんの機材をセッティングして、流しそうめんを楽しむ恒例行事などもあります。

このほかにも、毎日午後3時には「もぐもぐタイム」と題して、午後のお菓子タイムを設け、社員が持ち寄ったりしたお菓子でほっと一息談笑できる時間もあります。

「遊ぶことは何よりも共感する力が増します。一緒に楽しい時間を過ごし、美味しいものを食べた時には『おいしいね』とうなずき合い、きれいな風景をみた時には『綺麗だね』と共につぶやく。ですから、私たちは一緒に一生懸命に遊ぶのです」と富田さんは目を輝かせます。こうした社風、イベントは、高齢者や障がい者などさまざまな従業員が心地良く働く職場になる「架け橋」となっています。

サプライズの朝礼

筋力が衰える難病の「筋ジストロフィー」を患う宮川和也さんは2018年4月、養護学校卒業後に同社に入社し、現在はパート社員として札幌市内の専門病院に入院しながらテレワークで1日4時間、勤務しています。富田さんは宮川さんの文を書く力を評価し、採用しました。広報部に在籍し、会社のホームページやフェイスブックなどに記事を投稿する仕事をしており、パソコンのキーボードを小指1本で操作しています。

宮川さんは札幌の養護学校を卒業後すぐに難病の進行から渡島管内八雲町の専門病院に入院しましたが、同社の社員が病院に駆けつけ、仕事用のパソコンのセッティングやテレワークのカメラを設置しました。宮川さんは入社初日から会社の朝礼にカメラ越しに参加。「『会社の一員になれた。がんばろう』と思いました」と当時を振り返ります。

性的少数者であるＬＧＢＴＱの社員は、富田さんだけに自分の特性を打ち明けています。「社長にカミングアウトした時、『なんも良いんじゃない』と言ってくれて気が楽になりました」と話します。「カミングアウトした事を忘れているのではないかと思うくらいに自然にしてくれるので、自分でも変に意識していません」と自然体で働けることに感謝しています。

精神疾患の障がいがある40代の女性社員は、パソコンのデータと書類をチェックする仕事などをしています。誕生会やキャンピングカーの研修などさまざまなイベントを通じて醸し出される和気あいあいとした社風は心地良く、病気で幻聴などが聞こえた時も担当者に正直に相談できると打ち明けます。「みなさん優しくて障がい者にとってはありがたく、うれしいです。私自身も、会社の理念にもある優しい人間にならねばと気が引き締まる思いを持っています」と語ってくれました。

会社のボードに子どもの名前

同社の最高年齢は75歳の門間泰裕さんです。

2020年にパート社員で入り、管理会社などから修繕の不具合の中身を聞いて社員に連絡の書類を渡すなどの業務を担当しています。「社内の雰囲気は明るいし、年齢構成も多様です。まだ働きたいと思って採用されましたが、子どもや孫の世代の社員と一緒に働けるのは貴重な財産です」と言葉を弾ませます。

シングルマザーの北菜結樹《なつき》さんは2019年4月、前職での労務関係の相談をしていた社会保険労務士から「ひとり親でも働きやすい会社」と勧められ、応募して入社しました。当時、娘は高校1年生、息子は中学1年生で入社1週間以内に2人の入学式がありました。「子どもの行事は大切にしてあげなさい」と富田さんに言われ、入社当初から2日の休みをもらいました。

バーベキュー大会など会社のイベントには、子ども2人も参加しました。会社内のイベント用のボードには、2人の名前のネームプレートも準備され、「北さんの子どもさんと言われるのでなく、会社の皆さんは下の名前で2人を呼んでくれます。子どもの体調が悪くなって休む時には、繁忙期でも心地よく社内スタッフは『休んでいいですよ』と言ってくれます。ありがたいですね」と言います。

「戦力として期待されている」

リペアサービスは理念に「優しさと成長」を掲げていますが、働き方に制約のある人を慈善事業的に雇用してはいません。富田さんは「会社はその方々を戦力として雇用する以外にはしてはならないと考えていますし、戦力となる努力の出来ない方の雇用はしません。これは障がいのない方の雇用も同様です」と力を込めます。

筋ジストロフィーの難病を患う宮川さんは、入社面接時に富田さんからこう言われました。「君の文章作成能力を見込んだ上で会社の戦力として雇いたい。就業して何か働き辛い環境や病気で困難なことがあれば、その時はなんでも教えてほしい。一つ一つ取り除いていくつもりでいる」。宮川さんは「『一人の従業員として期待されているんだ』と感じてうれしかった」と振り返ります。

リペアサービスが2022年に「第13回日本でいちばん大切にしたい会社」大賞審査委員会特別賞を受賞したと聞いた時、北さんは、ちゃんと会社を評価してくれる人はいるのだと感じました。「それだけに仕事の知識を深め、自分自身を精進しなくてはと改めて思いました。子どもたちに自信を持って自分の背中を見せていきたいです」と成長への努力を惜しまない気持ちを語ります。

さらなる雇用の飛躍を

富田さんは2024年4月、新しい会社「らっく」を設立しました。コールセンターだけの問い合わせ受付対応に加えて、生成AIを組み込んだチャット対応システムを取り入れ、それを利用して障がい者など働き方に制約のある人がリモートで回答する体制を提供する新事業です。

「らっく」の理念は「私たちは、誰一人取り残されない社会の実現を目指して、長期的に持続可能な企業活動を行っていきます」と提唱し、ビジョンには「生き辛さを抱える人たちが、一切の差別や区別なく働き、いきいきと生きることができる社会の実現です」と謳っています。リペアサービスが果たしてきた雇用の社会貢献をさらに前面に打ち出していきます。

きっかけは、障がい者が遠隔操作で接客する東京の分身ロボットカフェ「オリヒメ」を、富田さんが訪問したことでした。予約が必要なのを知らずに行って待機していたところ、「急なキャンセルが出たので移動しませんか」とロボットを通じて案内してくれ、飲食することができました。案内してくれた遠隔操作の担当者は、兵庫県の障がい者の人で、配膳してくれたロボットの操作は、札幌市東区の人だと聞きました。それがヒントになり、有人ＡＩチャットシステムの構築の準備に乗り出しました。

富田さんは「病気や障がいの方、引きこもりや介護離職中の方などさまざまな理由で外出が困難で働きたくても働くことができない人は、全国に数えきれないほどいます。このシステムで、全国の働くことに制約のある方が働くことができる場を創出できれば」と弾んだ声で話します。

◇　◇　◇

「きょう一日よろしくお願いします！」。司会者の元気な呼びかけの後、リペアサービスの朝礼の最後は従業員が全員で順番にハイタッチをして回っていきます。その輪の中にいた富田さんは「はい、お願いしますね」と笑顔を浮かべていました。「美唄の祖父両親がよく話していた『お天道様はみている』を信じて――」。さらなる飛躍に向けて、富田さんが奔走する日々は続きます。

企業データ　　会社名　**株式会社リペアサービス**				
所在地	〒001-0021 札幌市北区北 21 条西 5 丁目 2-20-401			
連絡先	電話番号：011-700-0085			
年間売り上げ (直近のもの)	5 億 276 万円			
従業員数 (正規、非正規別)	正規社員	29 人	非正規社員	0 人
従業員男女比	男性	38%	女性	62%
平均勤続年数 (男女別)	男性	4.8 年	女性	2.7 年
離職率 (入社 5 年未満)	約 6%			
育休取得率 (男女別)	男性	0%	女性	100%
女性管理職比率	6.8%			

※女性管理職の定義については企業ごとに異なるため、企業の意思決定層にいる女性を対象とします。

座談会

どんな会社がいい会社？

これからの企業経営や北海道経済の課題について、人を大切にする経営学会の坂本光司会長、中小機構北海道本部の中沢孝雄本部長、北海道武蔵女子大学の宮本知加子准教授に語ってもらいました。

（司会　北海道新聞社　片山由紀）

――本書に掲載した会社の中には坂本先生の推薦で選んだ会社もあります。10社の共通点、特徴はありますか？

坂本光司　一言でいえばいずれも人柄がいい、真面目で優しい経営者ばかりだと思います。「社長然《ぜん》」としてふるまう人がおらず、どちらかというと社長という名の役割を演じている社員という感じかと。仲間として従業員に接しているという感じですかね。

もう一つ、共通項があるとすれば、損得、つまり儲かるか、儲からないかではなくて、「善悪軸」で経営判断をしている点です。いずれも、社会のためになっているか、世の中をよくしているか、それを軸に経営しています。

みなさん挫折、紆余曲折を乗り越えてこられた方。だから優しくなれるのでしょうね。地方で飛躍している会社もあり、いい経営に地域や規模は関係ないということだと思います。

中沢孝雄　10社のほとんどが機構でお付き合いをしたことがある会社です。いずれも相談に来

プロフィール

坂本光司さん（右から1人目）

人を大切にする経営学会会長、日本でいちばん大切にしたい会社大賞実行委員長、元法政大学政策創造研究科教授。専門は中小企業経営論など。

中沢孝雄さん（左端）

埼玉県出身。慶応大学法学部卒業後、前身の地域振興整備公団に入団、インキュベーション事業課長、関東本部企業支援部長、事業継承・再生支援部長などを経て、２０２３年度から現職。

宮本知加子さん（左から２人目）

福岡市出身。九州大学大学院人間環境学府行動システム専攻博士後期課程修了、博士（心理学）。福岡工業大学特任教員を経て２０２４年度から現職。専門は産業・組織心理学、臨床心理学。

司会　北海道新聞社　片山由紀

られても、「会社をよくしてほしい」とこちらに丸投げするのではなく、「会社をよくするにはどうしたらいいか」を一緒に考え、社員が自主的に動く会社という印象です。

宮本知加子　お二人のお話を聞いて思ったのはやはり「人を動かすのは人だ」ということです。会社が、人の気持ちを大切にしている、気持ちに寄り添って価値判断し行動しているということですよね。社員のことを見捨てない、大切にする社長の姿勢が社員に届き、社員の主体性につながっていると思いました。

坂本　この会社はいい会社だなというのは、会社の建物に入ると瞬間的にわかります。会社に流れている空気が違うんですよね。社員の顔つきが違います。

家族的な温かい、ぬくもりのある経営をすることはとても大切ですね。あとは理念ですね。それがちゃんと受け継がれていれば、社長が倒れても従業員が会社を動かしていけるんですよね。

中沢　掲載されている企業のトップの方々はいい意味で、ある種の「抜け感」がある。従業員が気軽に「社長何やってるんですか」って突っ込んだりする。それを受け止める。そんな柔らかい雰囲気がありますね。理念をつくるのは社長ですが、その理念を具体化するのは従業員で、社長もそこから先は従業員に任せる、意外とそうやってうまく行っている会社は多いです。心理的安全性が担保されているということなんでしょうね。その辺は宮本先生がお詳しいかと。

宮本　まさに私はそのキーワードを使って研究しているのですが、心理的安全性がある組織かどうかで、仕事の成果にも影響を与えることが分かっています。トップの受け止める雰囲気も大事ですし、社員が気兼ねなく話し合える安心感は、思う存分仕事ができる環境につながるのだと思います。

坂本　いい会社ってなんでも言える雰囲気があります。10社はそれが共通しています。

坂本光司さん

――障がい者、高齢者の雇用に力を入れている会社が多くありました。

坂本　障がいがある人が幸せになる方法の一つは働くことだと思います。働いて人の役に立って相手からお礼を言われると幸福感が増すのです。国が定める障がい者の法定雇用率は2・5％、2026年度には2・7％になります。でも実際の平均雇用率は2・33％です。法律を守っていない会社が約半数あるからです。

障がいがあっても働きたいと思う人がたくさんいるのに、働けない。しかも賃金が安い。会社は私的なものではなく、社会的公器でなければなりません。そこをこの10社はわかっている。会社は人を幸せにするためにあるのだということが分かっているから、障がい者を自然と雇用する。そして雇用した人たちはちゃんと戦力になっている。
障がい者雇用に乗り気じゃない会社はよく「障がい者ができる仕事がない」っていうんです。でも実際私がその会社に行ってぐるっと見渡しただけで、障がい者ができる仕事が見つかる。1つの仕事をするのが無理だと思ったら分割すればいいんです。そしたら彼らは私たちがかなわないくらいの力を発揮します。
障がい者を雇用している経営者に、何が一番よかったかというインタビュー調査をしたことがあるのですが、「みんなが優しくなった」っていうんです。そういう会社が増えれば地域はもっとよくなります。
中沢 障がい者じゃないと見えてこない視点がある。今回取り上げた会社はそれを経営に生かしているなと思います。高齢者の経験値を生かしている点も同じです。
特殊衣料さんのホームページがとてもいいですよね。会社案内のページに障がいがある人も、ない人も含めて社員の笑顔の写真がたくさん掲載されている。この会社は一人ひとりがこういう思いでやっている会社ですっていうのが伝わってきます。
宮本 「認められている」という実感を持てることが大切ですよね。社内で競争、ライバル意

右から宮本知加子さん、中沢孝雄さん

識が激しく、蹴落とし合うみたいな組織よりは「協働」の意識で仕事をする方がいい効果につながると思います。

さっき、坂本先生がおっしゃいましたが、障がいがある人は健常者と同じスピードで作業ができないかもしれませんが、「この部分についてはめちゃくちゃ集中してやってくれるんだ」というのが社員たちに伝われば、お互いに「ここはお願いね」「ここはやるね」という「協働」の体制が生まれます。そうすると、顧客や外に対してもやさしい気持ちが派生していくのかなと思います。

坂本　アイワードさんもそうですよね。聴覚障がい者を多く雇用していますが、みなさん非常に丁寧な仕事をされる。奥山社長が「この仕事は彼が一番なんです」っていうんです。会社にとってはなくてはならない存在になっていることに気づいているところが、アイワードさんのすごいところだなと思います。

――女性が育児をしながら働き続けられたり、管理職になって活躍していたりする会社が多くあるのも印象的でした。

宮本　一般的には、日本で女性が子育てをしながら働き続けるのは、文化的歴史的背景からもまだまだ難しいところがあると思っています。制度だけではダメで、大事なのは女性のニーズです。子育てをしながら働きたい女性はたくさんいますが、どのように働きたいのかをそれぞれの会社がしっかりと意見を聞く必要があると思います。育休を取ったはいいけど、バリバリと仕事をこなすことが、イコール今までと同じ働き方と捉えられると、やはり難しいですよね。どのようにしたら成果を上げられる働き方になるのか、話し合いが必要だと思います。

でも、意外と話してみたらそこはなんとかするよと言ってくれるかもしれない。一緒に考えようと言ってくれる社長はいると思います。会社側も考えてほしいし、女性も自分はこういう風に働きたいというのをちゃんと主張する必要があると思います。

私は女子大でリーダーシップ教育をやっているのですが、必修の科目なので、「発言するのが苦手」、「リーダーになりたくない」という子も全員履修します。

私たちがこれから目指すこれからのリーダーシップは、権限を持たないリーダーシップです。「みんなで一緒に何かをやるのが好き」と、他者の良さを認めて協働し合える、対話し合えるような人を育てたいです。

中沢　会社をみると、実際は千差万別で、すごく女性の雇用が進んでいるところもあれば、そうじゃないところもある。女性が子育てしながら働くのに適したところもあれば、そうでもない業界もある。子育てが一段落したのでかつてのキャリアを活かしたいと思っても、復職となると現場との整合が難しいこともあります。バリバリ働きたい人もいればそうでない人もいる。選択肢が広がり、もっと柔軟な働き方ができればいいと思います。

こういうことは中小の会社の方が取り組めると思いますね。社員一人ひとりのことをよくわかっていて、経営者はその人のために何ができるかを考えることができる。北海道の会社はしがらみがない分、そういう取り組みはしやすいのではと思います。

坂本　国も女性の管理職を3割にするという方針を出していますが、女性が働きやすい環境はまだまだ整っていないと思いますね。でも私が知っている女性を大切にしている会社は、男女兼用だったトイレを男女別々に作り直したり、子育てしている従業員の駐車スペースは社屋に近い方にして、すぐに帰れるようにしたり、有給休暇を時間単位で取れるようにしたり、いろいろと工夫しています。

正規であろうが、非正規であろうが女性の従業員の声に真摯に耳を傾けていることが大切だと思うし、それを実践している会社は社員が高いモチベーションで働いています。性差を認めたうえで、配慮することです。

——今年4月に、国は道内117市町村は人口減が加速し、「消滅の可能性がある」という報告をまとめました。全国的に地方の過疎化は深刻ですが、人口減が進む中、今後北海道を活性化させるにはどんな知恵が必要ですか。

坂本　北海道経済が活性化する方策は山ほどありますが、あえて一つだけいうとすれば、今回のテーマと一緒で人にとって魅力的な会社を増加させるということです。Uターンにしても、Iターンにしても、そこがなければ増えません。

人が大切にされていると社員が実感できている会社は、その地域で暮らす人が増え、結果的に人口が増えていきます。

中沢　私は道外出身ですが、よそ者から見れば北海道は魅力ある地域がたくさんあり、何より日本の中で他にない資源大国です。ただそれらをそのまま使うだけではもったいない。その魅力や資源をテコにいろんなビジネスができると思います。私たちの組織でそれをお手伝いできればうれしいです。

宮本　教育の力は大きいと感じています。学生だけじゃなくて大人も学ぶ場が必要ですよね。会社や行政が一緒に学べるプラットホームがもっと増えればいいと思います。働いている人たちの教育もタイミングがあるでしょうし、なにかきっかけがなければ進まない。一緒に地域を耕していければいいと思います。

さらにいうなら、今はもう一社でとか一つの地域でなにかをやる時代ではないと思うんです。「共創」という言葉がありますが、一緒につながり、健やかに働ける場をみんなで作っていくことが重要です。

坂本　もう一つ、言いたいのは（地域の文化や経済、開発などに、その地域に住む住民が直接参加する）内発型の地域づくりを大切にするということです。地域で頑張っている会社にスポットライトを当てて、世界に通用するような会社に育てるということを地域の人たちがやってもらいたい。北海道の活性化には、魅力ある会社の立地、集積が不可欠です。さらに言えば、これからもっと人手不足は深刻化する。だからこそ、会社は人を大切にしなければならないのです。

（敬称略）

※座談会は2024年8月27日、北海道新聞社本社で行いました。

第7章

SATO社会保険労務士法人

年齢も性別も上下の隔てもなく

07 ジェンダー平等を実現する会社

女性管理職率50％

女性管理職率50％を誇る会社が、札幌にあります。「ＳＡＴＯ社会保険労務士法人」。職員の7割は女性。結婚、妊娠、出産といったライフイベントを経ながら、仕事と私生活を両立し、働き続け、なおかつキャリアアップできる会社、男女差別がない、まさにジェンダー平等を実現する企業です。

創業者は現代表の佐藤良雄さん。札幌市に本社を構える日本屈指の大型士業グループ「ＳＡＴＯグループ」の一つです。社会保険労務士と行政書士（ＳＡＴＯ行政書士法人）の2事業で業績を伸ばし、創業の地である北海道以外に、東京、大阪、名古屋、福岡、沖縄など全国に10拠点を展開。グループ全体の職員数は１８００人を超え、総顧客数は５３０

0社に上ります。

一代でこれだけの企業を築いた佐藤さん。起業のきっかけは高校時代にさかのぼります。高校生時代、父親の家業が傾き、両親は離婚。当然に家計が厳しかったという佐藤さんは、働きながら通学するために小樽商科大短大部（夜間制）に入学。在学中、弁護士や司法書士など「士（さむらい）」が付く事務所のアルバイトの面接を片っ端から受けました。

「大学を卒業したら自分自身で何かビジネスをしたかったんです。でも、資本がなければ起業できない。そこで、初期投資がなくても仕事が始められる資格の士業に目を向けました。アルバイトは、業界の将来性や仕事内容、試験の難易度などをつかむためです。私にとっての就職活動、そして自分自身のマーケティングそのものでした」と振り返ります。

さまざまな士業の職場を見学し、目標を行政書士に定めたのは、「合格しやすく、業務を比較的早く軌道に乗せられると考えたから」。そして、何より、成長を目指す経営者と一緒に歩む、夢と希望にあふれた仕事である点にひかれたと言います。

在学中の20歳の時に行政書士試験に合格し、卒業後、23歳で開業しました。

事務所を構えてからは営業活動に全力を注ぎました。事務所に依頼人が来るのを待っているのではなく、どんどん依頼先を訪問していったのです。「会社に出向いてくれるので、経営者から喜ばれ、新たな取引先を次々と紹介してくれました。その分、移動時間が割かれるので、時間を大切に使う習慣を自分に課しました。例えば、テレビ。必要な情報を得るのに費やす時間をコントロールできないので、今でも見ることはありません」。

行政書士事務所の創業から2年後の1979年、新たに労働保険事務組合を設立して労務管理サービスも手がけ、事業は順調に成長を続けます。佐藤さんの顧客には、新しい分野へ事業展開をする企業や、新しく会社をつくる人が多く、「人が欲しい」という要望を多く聞くようになりました。

道内初の人材紹介会社設立

そのうち、より具体的に「経理部長が欲しい」「うちには営業部長を」という声も増えてきました。その都度、人を探し、適材だと思う人材を紹介した佐藤さん。顧客に喜ばれたことがきっかけで、道内初の人材紹介会社キャリアバンクを1987年に設立しました。34歳の時でした。

ところが最初の10年ほどは赤字続き。人材への需要はあるものの、人材紹介に手数料を支払うという意識が当時の道内企業ではまだ薄く、有料での依頼は増えません。札幌をはじめ道内へのIターン、Uターンの人材を狙い、東京、横浜などに拠点を構えましたが、希望者の家族が反対するケースが多く、うまくいかずに撤退を余儀なくされました。

「毎年の株主総会がつらく、会社は赤字で配当は出せません──そう報告して、頭を下げるしかありませんでした」と佐藤さんは振り返ります。

一方で、事業拡大は手を緩めず進めました。医療や福祉分野に人材を紹介・派遣するメディカル事業にも進出。さらに、販売業務などを代行するアウトソーシング、企業から受託するリストラした社員の再就職支援など、次々に新しい事業に挑戦していきました。

そして、2001年3月29日、札幌証券取引所の新興企業向け新市場アンビシャスに第1号として上場を果たしました。その4年半後に札証のメインとなる本則市場に移行し、グループ発展の礎を築きました。

佐藤さんは「赤字続きの10年間、そして、上場を決意してから準備にかけた期間は、土日も関係なく連日18時間働きましたね。そもそも人材紹介や人材派遣は、それまでの法律を変えたり、あるいは法律を作ったりして新しくできた業界です。マーケットニーズがあるのだから、それになんとか応えようと情熱を持って、粘り強く取り組み続けました。また、今は失敗しても、だれもしていないこと、できないことをしているのだから、いつかは必ず成し遂げられるという自信もありました」と言います。

「経営者はチャレンジしなければなりません。失敗をすることも経営者の役目です。従業員に失敗をさせるのではなく、失敗するようなリスクがあるものは、自分でやる気概と実行力が必要だと思っています。また、それを楽しんでやらないと経営も人生も面白くはなりません」と佐藤さんは口調を強めます。

徹底したサービス

そして、2003年に道内で初めての社労士法人として、SATO社会保険労務士法人を設立。大会社の社会、労働保険を一手に請け負う体制を作ります。2008年6月に従業員14万人の大手ファストフードチェーンの労務管理を受注したのを皮切りに、1万人超の通信企業や9千人の大手精密機器メーカー、2万3千人のコーヒーショップチェーンからの業務の受注に成功します。従業員数は約1600人に上る規模まで拡大しました。

そのタイミングで、SATO社会保険労務士法人はかねてからの目標だった労務相談費用の見直しに動きました。「固定化した料金設定が中小企業の労務管理を停滞させているのでは？」との思いから、中小企業向けに就業規則の作成にかかっていた費用約30万円をその10分の1の価格である3万円に引き下げるサービスを開始。また、定額の月額顧問料を無料とし、利用に応じた料金を受け取るサービス「無料de顧問」（10分1000円）を2021年から開始しました。

「知識サービスの基本は『より高く』だと思います。でも、私たちのサービスを提供する相手は企業です。しかもそのサービスは、企業にとって投資ではなく、コストに近いものと言えるでしょう。コストであれば『より良いものをより安く』が基本となるはずです。顧客満足の経営を目指すのなら、『より良いサービスをより安く』を追求すべきと考えました」と佐藤さんは価格にこだわる理由を語ります。

道内留学生の支援も加速

2017年には、上川管内東川町の旭川福祉専門学校内に事務処理センター「東川ファクトリー」を開設。同校日本語学科で学ぶ外国人留学生をアルバイトとして雇用し、データ入力や郵送物の作成などを担当してもらっているそうです。同学科にはベトナムなどアジア圏を中心に150人の留学生が在籍していますが、町内にはアルバイト先が少ないため外国人留学生側のメリットも大きいです。

佐藤さんは「今後、社労士事務所としての競争力を維持していくためには、海外の優秀な人材の力を得ることも必要です。留学生が放課後に校内で働けるので利便性は高い。多くの留学生に仕事を体験してもらい、事務処理の新たな拠点として大切に育てていきたい」と力を込めます。

そんなSATO社会保険労務士法人。社員の働き方も先進的です。

2021年に入社した杉村充徳さん。前職は公務員の転職組です。

さまざまな会社で働く人々が気持ちよく働ける環境を、法律に基づいて作る社労士の仕事に憧れ、SATO社会保険労務士法人の扉をたたきました。入社4年目となる現在は、持ち前の明るさと熱心さ、リーダーシップが買われて、チームリーダー（係長）に抜擢。15人からなるチームを率いて、クライアント企業4社の労務管理全般を受け持っています。

杉村さんは「私のような中途採用で、ほぼ未経験からスタートした者でも、やる気と努力次第でチャンスをもらえる。また、自分の頑張りを会社がしっかり把握して公平に評価

佐藤良雄代表

杉村充徳さん

佐藤蒼依さん

SATO 社会保険労務士法人の社内

山鹿時子さん

してくれる。チャレンジ精神旺盛な人にとっては魅力的な職場だと思います。何より自分の成長が実感できるので、毎日がものすごく楽しい」と目を輝かせます。「チームのメンバーでは私が一番年下。まだまだ経験の浅い私ですが、常にチーム単位で考え、うまく回るよう声がけのタイミングなど、相手の状況に応じたコミュニケーションが取れるように心がけています。チームの結束力を発揮してやり遂げた時の達成感はひとしおです」。

力を入れる女性登用

さらに力を入れているのは女性職員の登用です。2021年度に新卒で入社した佐藤蒼《あお》依《い》さんは、労務のプロフェッショナルとして、企業が正しく健全に活動するように導きたいと社労士を目指し、「どうせやるなら一番大きなところで挑戦したい」とSATO社会保険労務士法人を選びました。

高い能力と志を評価され、入社2年目でチームリーダーに。4年目には係長として、現在は20人のチームを束ね、5社のクライアント企業の人事、労務管理を担っています。

佐藤さんは「仕事に関しては、年齢も性別も関係なく、また、上下の隔てもなく、何でも意見をぶつけ合います。みんな本当に仲良しなんです。メンバーの年齢層は20代〜60代までと幅広いですが、一つのことに向かう集中力とチームワークが私たちの自慢です。こういった社風が当社の原動力なんだと思います」と笑顔で話します。

昨年、結婚した佐藤さん。ライフステージの変化に際しても、働き続けることにまったく不安はないと言います。「周囲に結婚、妊娠・出産を経ても復職し、キャリアを築いている上司や先輩の方々がたくさんいらっしゃるので、とても心強いです。産休・育休や時短勤務といった制度が充実しているだけでなく、何より理解してくれる上司や先輩、同僚など『人』に恵まれていることが幸せです」。

女性のロールモデルも育っています。佐藤蒼依さんをはじめ、ＳＡＴＯ社会保険労務士法人で働く女性の多くが、「働き方や生き方のお手本としている上司」として名前を挙げるのが、部長の山鹿時子さんです。１９７７年に創業した佐藤良雄代表の行政書士事務所の第一号社員です。

以来、佐藤代表の右腕として、グループを支えてきました。入社47年目となる現在も、組織全体の研修を統括する部長として勤務しています。「佐藤代表とは二人三脚で歩んできたので、私にも〝佐藤イズム〟が浸透していると思いますよ」と笑う山鹿さん。

「小さな行政書士事務所の事務職として勤務したつもりが、佐藤代表の後を付いていったら随分遠くまで来てしまった。常に新しいことにチャレンジし、その時々、必死にもがいて一生懸命やってきました」とここまでの道を振り返ります。

山鹿さんは現在の自分の役割を「組織の潤滑油」と言います。「どんな従業員の相談にも乗っています。家庭や生活の状況などが変わり、働きたいけど働けなくなった時も、まずは相談してもらいたい。『どうしたら働き続けられるか』を一緒に考えれば、解決できることも多いんです」といいます。

「まだ若かった頃と比較すると、社会の男女格差は少しずつ縮まってきているように思います。ただ、勢いが足りていない。外の世界には、女性は家庭を守り、男性はフルタイムで働く、そうした古い価値観が残っていて、それが女性たちを組織の意思決定の場から遠ざけたり、子育てや介護の負担を女性へ押し付けることへとつながっている。こうした社会の仕組みを、せめて私たちの会社・グループの中では変えていこう、性別にとらわれず、その人がその人らしく自由に働き方や生き方を選ぶことのできる組織をつくろう、とさまざまな取り組みを進めてきたんです」とジェンダー平等への思いを語ってくれました。

社労士業界にイノベーション

2023年3月、「SATO社会保険労務士法人」は「第13回日本でいちばん大切にしたい会社大賞」で、士業として初めての審査委員会特別賞を受賞しました。顧客目線の独創的かつ魅力的なサービスを次々と生み出し、社労士業界のあり方にイノベーションを起こしていることや、東川町にオフィスを開設し、地元の日本人学校に在籍する外国人留学生に雇用の場を提供していること、75歳定年制の導入や、多様な働き方を提供していることなどが評価を受けました。事業拡大をさらに加速しつつ、社員一人ひとりが働きやすい環境づくりにも力を入れる佐藤代表。これまでの歩みを振り返り、こう言いました。

「男女関係なく、社員一人ひとりの個性や能力、思いを見極め、くみ取り、その人間的成長を継続的に支えていくことこそが、真の意味で『人を大切する経営』なのだと私は考えています。挑戦した分、失敗も繰り返してきましたが、失敗の量が組織の質。人生七転び八起きですよ」

企業データ 会社名 SATO 社会保険労務士法人(SATO GROUP)				
所在地	〒065-8631 札幌市東区北5条東8丁目1番33号			
連絡先	電話番号：011-742-6077			
年間売り上げ (直近のもの)	未公表			
従業員数 (正規、非正規別)	正規社員	633人	非正規社員	557人
従業員男女比	男性	32.7%	女性	67.3%
平均勤続年数 (男女別)	男性	4年	女性	3年
離職率 (入社5年未満)	33.2%			
育休取得率 (男女別)	男性	100%	女性	100%
女性管理職比率	50.6%			

※数字はグループ全体

※女性管理職の定義については企業ごとに異なるため、企業の意思決定層にいる女性を対象とします。

第8章

有限会社十勝しんむら牧場

牛が牛らしく

08 牛をとことん大切にする会社

放牧酪農で人も幸せに

輸入飼料の高騰などで酪農家が赤字経営に陥る「酪農危機」、新型コロナウイルスの影響で消費が落ち込み生乳を廃棄した「牛乳ショック」…。私たちの暮らしに身近な牛乳の生産現場が幾度となく苦境に見舞われる中、ブレない酪農経営を実践し、自社牛乳を使ったオリジナル商品を年間15万個売り上げる〝驚きの牧場〟があります。十勝しんむら牧場です。

帯広市から車で約1時間、上士幌町の小高い丘に同牧場はあります。青空の下、緑が輝く広大な牧草地でのんびりと草を食む牛たち…。ここには、まさに酪農王国・北海道らしい光景が広がっています。ところが実際、この放牧という酪農のスタイルは、日本国内、そして北海道でも少数派。残念ながら、国や農協が進める政策とは反対のやり方なのです。同牧場の考え方はこうです。

「人間の都合で牛を牛舎に閉じ込めるのではなく、牛が牛らしく過ごせる環境を整えることでおいしい牛乳を作り、食べる人の健康や未来に貢献したい」

いわば、牛と人をトコトン大切にした経営で、多くのファンを持つ北海道随一の人気牧場は、いかにして生まれたのでしょうか？　それは、現代表の新村浩隆さんが4代目として牧場を継いだとき、新しい方針を打ち出したことに始まります。

一生やれる仕事は何か

まずは牧場の歴史を振り返りましょう。

十勝しんむら牧場は1933年（昭和8年）、富山県から入植した浩隆さんの曽祖父・新村吉春さんが始めました。

浩隆さんの父は離婚して早くに家を出たため、長男の浩隆さんは、小学生の頃から、祖父で2代目の源雄さん、祖母の千代さん、母の孝子さんら家族を支え、酪農の仕事を手伝っていました。

手伝うといっても、生き物相手の商売に365日休みはありません。夏休みも正月も関係なし、家族旅行なんてもってのほかという家業に嫌気が差した浩隆さんは、中学を卒業すると帯広市内の農業高校、それも寮生活を選びます。「これで家の仕事を手伝わずに済む、と思いました」と、浩隆さんは当時の心境を振り返ります。

農業なんか格好悪い。もっと華やかな別の職業に就いてみたい。その気持ちが変化したのは、江別市内の酪農学園大学に進んで3年目、1980年代のことでした。

バブルが弾け、就職難にあえぐ先輩たちの姿を見て、浩隆さんは考えます。このまま安易に勤め先を探して後悔しないだろうか。そもそも、働くとは何なのだろう、と。

よくよく悩んだ末、出した答えは「一生やれる仕事に就きたい」という思い。それならどんな仕事が良いのか、どんどん掘り下げた結果、たどり着いたのは、「農業は、人が生きている限り無くならない」という真理でした。

牛を牛らしく飼いたい

それまで敬遠していた農業の世界で生きることを決意した浩隆さん。次に湧き上がったのは、「なぜ、自分は酪農が嫌いなのか？」という問いでした。結果的に、これが放牧酪農へとつながります。

というのも、浩隆さんが子どもの頃の新村家の酪農スタイルは、牛をほぼ24時間牛舎につなぎっぱなしにする「つなぎ飼い」でした。これは、現在でも酪農家の半数以上が採用している飼養形態で、エサやりや繁殖確認などの管理がしやすく、牛1頭当たりの施設面積が少なくて済むなどのメリットがあります。ところがそれは、言い換えれば、牛は元気で動けるのに、その場に立ったり座ったりしかできない、浩隆さんいわく「介護酪農」の状態なのです。

機械のように扱われ、ストレスが溜まった牛の中には、不健康だったり、病気になるケースもありました。世話をする人間も長時間労働を強いられる従来の飼い方に、全く魅力を感じないことに気が付いた浩隆さんは「ならば自分が酪農を好きになれるよう、牛を牛らしく飼いたい。それには放牧が一番ではないか」と思いつきます。

調べてみると、放牧酪農は自家栽培した草を牛自らが採食するため、海外からトウモロコシや大豆などの飼料用穀物をわざわざ購入する必要がなく、牛の口元までエサを人が運ぶ重労働もかなり軽減されます。重機を使う牧草の収穫作業なども減るため、化石燃料の消費量も下がります。外部エネルギーに頼らない環境に配慮した循環型の酪農スタイルに、若き浩隆さんは理想を見い出します。

目指すは自立した酪農経営

浩隆さんは、残りの学生生活を、放牧酪農に関する知識習得に費やすことにしました。他の牧場とは違う飼い方に意欲を燃やすと同時に、今度は生乳取引の既存システムにも疑問を抱きます。

それは、仮に放牧がうまくいき、おいしい牛乳が出来たとしても、販売先が農協である以上、タンクローリーの中で他の牧場の生乳と混ざってしまい、買取価格には反映されないという問題です。

品質がちっとも重視されず、酪農家に価格決定権がない現状を変えなければならない。

国や農協に頼らず、自立・安定した経営を目指すことは、浩隆さんにとって第一の目標になりました。

そのためには、牧場の在り方を根本から変えるだけでなく、自分たちで加工品を作り、直販できる体制づくりも必要になります。そこで、浩隆さんはハッとします。

「放牧酪農を成功させれば、顧客が抱く牧歌的な牧場風景が実現できる。これは、商品販売の上でも大きなメリットになるのではないだろうか」。この予感が正しかったことは、後に証明されることになります。ともあれ、こうして牧場の将来像を着実に固めながら、浩隆さんは大学を卒業しました。

親方の「薬膳料理」に驚き

放牧酪農に関する見識を広めたいと、浩隆さんは在学中から道内の先駆的な牧場に泊まり込んで実習させてもらったり、大学卒業後も3カ月ほどニュージーランドやオーストラリアなど海外の事例を見て回りました。

中でも印象に残っているのは、別海町にある今井牧場です。「親方」と今でも浩隆さんが親しみを込めて呼ぶ、代表の今井真人さんは、雑草の生えた畑に牛たちを放つ際、こう言ったそうです。「今日は薬膳料理だな！」。

この一言に、浩隆さんは衝撃を受けます。「ほかの畑なら排除されるイタドリやタンポポなどの植物もあり、人工的な飼料とは違う自然のミネラルもあることから、『薬膳』と表現したのでしょう。人がきれいに刈り取った畑の方が見栄えは良いですが、牛にとってそれが幸せかどうかは別なのだと理解しました」

いざ放牧された牛たちの反応は

さまざまな経験を積み重ねた浩隆さんが、上士幌の実家に戻ってきたのは１９９５年、23歳のときでした。

とはいえ、事は簡単に進みません。

実は、初代・吉春さんを含め、この地域で牧場を始めた先人たちも当初は放牧酪農を試したのだそうです。ところが、乳量が安定しないなどうまくいかず、結局は牛舎でのつなぎ飼いに落ち着いたという経緯がありました。

それを知る母親は「まあ、うまくいかないだろう」という反応だったそうですが、「反対されたら、他の牧場でゼロから始めてもいい」という息子の覚悟を知り、背中を押してくれました。

最初にもらった予算は50万円。まずは牛を放せる場所を作るべく、杭を打つところからの出発でした。

そうしていよいよ、杭で囲んだ牧草地に、初めて牛を放つ日がやってきます。浩隆さんは、その反応を鮮明に覚えています。

自由の身となった牛たちは、戸惑ったようにぐるぐると畑の中を回り、「しょうがない」とばかりに、足元の草を食べ始めたのです。中には「早く牛舎に戻りたい」という反応を示した牛もいました。

その様子を目の当たりにして、浩隆さんは次にやるべきことを悟りました。

それは、土づくり。「牛が喜ぶおいしくて健康的な草づくりには、良い土が大事なのだと、実習先などで教わっていました」。ここから、浩隆さんが約70ヘクタールの草地とがっぷり四つで向き合う一大プロジェクトが動き出すのです。

科学的に土と向き合う

さて、良い土をつくるために、浩隆さんがまず行ったことは何でしょうか。それは、海外に住む専門家に牧場の土壌分析を依頼することでした。

ロボットやAIを活用したスマート農業が注目を集める昨今、土づくりに科学技術を応用するのは当たり前のように感じるかもしれません。ところが、実際は違います。農協や普及員に言われるがまま、化学肥料を一定量撒くのが一般的で、浩隆さんの家族も特に疑問を抱かず、ずっとそのやり方を続けていました。そして、化学肥料を長年施された牧場の土は、ミミズも、微生物も住みづらい状態だったのです。

浩隆さんが頼ったのは、ニュージーランド在住の農学博士、ドクター・エリック川辺でした。学生時代に知り合った、良質な放牧畑の持ち主に紹介してもらった人物で、浩隆さんが「深く共鳴した」と言う農業コンサルタントです。

ドクターの考え方は、先に述べた日本の慣例とは全く異なります。

それは、「土壌分析と生態系の循環を利用して、土が持っている本来の力を取り戻す」というもの。土地を細かく区分し、専門機関による土壌分析の結果を受け、ドクターが区画ごとの「処方箋」、つまり施肥設計を農業者に伝える、というやり方です。

カルシウム、マグネシウム、窒素…。何が足りないのか、土一つ一つの特徴を、農業者自身も理解しなければならないこの手法は、肥料代などの経費も手間ひまもずいぶん掛かります。

それでも浩隆さんは「これが出来ない限り前には進めない」と実行しました。牧草地を26区画に分けて管理し、区画ごとに適した肥料を自ら配合機で混ぜて作り、丁寧に撒いていったのです。

その結果、ミミズや昆虫が徐々に増え、鳥も集まり、多様な生態系が作られるようになります。牛糞の分解が活発になり、栄養素をしっかり吸収した、健康でおいしい草が育つようになりました。牛が積極的に草を食べるようになったのは、3年目のことでした。

「放牧を始めた年から牛の疾病率は2分の1になり、それだけでも手応えを感じていましたが、おいしい草を食べた牛から搾った生乳は余計な雑味や脂肪がなく、やはりおいしかった。土壌づくりは8年ほどで満足できる好循環になりましたが、自然相手なので終わりはありません。おいしい牛乳つくりに不可欠な土づくり、草づくりは今も続けています」

と浩隆さんは語ります。

仲間を裏切らない

代々受け継いだ牧場形態を、つなぎ飼いから放牧へと大きく転換させた浩隆さん。「早くから信頼できる人を見つけ、仲間に恵まれたことも原動力の一つです」と話します。ドクター・エリック川辺の土壌研究や指導方法に共感した農家らによる組織・北海道SRU（ソイル・リサーチ・ユニオン）もその一つです。浩隆さん含め200人超のメンバーが在籍しており、土づくりの喜びや苦労を共有してきました。

農業以外の分野でも、20代から北海道中小企業家同友会に顔を出すなど、さまざまな集まりや勉強会に参加し、先輩経営者たちと交流したことも励みになりました。

浩隆さんは今でも、商人有志の経営勉強会・商業界ゼミナールで聞いた言葉が印象に残っていると言います。「店は客のためにある」です。

「農業はどうなのか？　実際、食べる人の健康を考えて本当に作っているのだろうか、と考えました。そして、自分たちはそういう会社になるべきだ、と心に決めました」と浩隆さん。

同牧場の公式サイトには、「十勝しんむら牧場の『在り方』」として「スタッフ・お客様・

お取引先様・社会・地域・土・動植物・環境」それぞれに対する姿勢が図で示されています。まるでジグソーパズルのように組み立てられた図の中央には、「食べる人のための農業を実践し、次世代に継承し続ける企業」という経営理念が掲示されています。これは、そうした学びを言葉にしたものです。

「農業だけではなく、商売のこと、もっと言えば、生きることについての原理・原則を学びました。そこで出会った仲間たちを裏切りたくないという思いもあり、忙しいときも参加し続け、切磋琢磨できたことは、自分の信念を貫き通す力になっています」と浩隆さんは語ります。

日本初！　ヒット商品誕生の裏側

「食べる人のことを考える」という姿勢は、念願だったオリジナル商品の開発にも通じます。

放牧牛たちから搾ったとびきりおいしい牛乳を使い、何を作ろうかと考えたとき、浩隆さんはさまざまな人から助言を求めました。チーズやバターなど乳製品の定番メニューを考える中、ある人から「ケーキ屋はどうか」と言われて戸惑います。そして、「お客様が欲しい形にして販売することが大切なのだ」と感じたそうです。

そうした中、知人から教わったフランスの保存食「牛乳ジャム」に興味を引かれます。牛乳と砂糖を煮詰めるシンプルな製法で、当時は輸入品がわずかに流通しているだけでした。

そこで2年半ほど試行錯誤し、放牧牛乳と北海道産のグラニュー糖だけをゆっくり煮詰めた新商品が完成します。２０００年4月に発売された、日本初「ミルクジャム」の誕生でした。

「ミルクジャム」に込める思い

「ミルクジャム」は、大手デパートや道の駅など全国５００店舗以上に卸され、物産展でも大人気。今や年間15万個を売り上げるロングセラー商品になりました。

こうなると、設備投資をして製造ラインをどんどん増やし、売り上げをもっと伸ばそうと考える経営者もいるでしょう。ところが浩隆さんは違います。

「ミルクジャムはたくさん売ることを目的に作っているわけではありません。私たちが健康的に育てた牛から搾った牛乳のおいしさを味わってもらいたい、そういう思いで作り続けています」と話します。

製造工程に効率は求めず、4、5人のスタッフがほぼ手作業で行います。原料となる放牧牛乳は季節ごとに成分が変わり、味や色、香りが微妙に変化するため、職人的な感覚が必要だからです。

驚くべきことに、同牧場には営業担当者もいません。したがって、売り上げ目標もなし。その理由を「ノルマがあればつい頑張ってしまいますが、どこかでひずみがきて、結局は長続きしません。無理をしない経営を心掛けています」と浩隆さんは話します。

それでも根強く支持されるのは、おいしさはもちろん、つい手に取りたくなるしゃれたデザインやサイズ感にも秘密があるのでしょう。

「販売したくなる商品をどう作るかには心を砕きます。取引先とウィンウィンの関係を築ければ、価格やロットに関する一方的な要求を受けずに済みますから。売り急がない、ということでしょうか」と浩隆さんは教えてくれました。

このように、「ミルクジャム」という商品には、作り手、売り手、買い手という「人」を幸せにしたいという思いが込められています。その中には、おいしい牛乳をつくってくれる「牛」がいることが、牧場としてあるべき姿なのだと、気づかせてもくれるのです。

カフェは牧場のショールーム

同牧場の放牧は、4月の雪解けと共に始まり、10月下旬の積雪と共に終わります。牛たちは毎日昼夜、ローテーションで開放される畑を自由に歩き回り、新鮮で健康的な草を自分で選んで食べます。冬は、寝床となるフリーバーンと放牧地がつながっているため、牛たちは自由に行き来することができます。

現在牛は110頭。うち搾乳できる親牛が約80頭、残りは子牛です。広い大地でのびのび育った牛たちの体は引き締まり、穏やかな表情を浮かべています。

こうした牛たちの姿を身近に感じながら、放牧牛乳でつくったソフトクリームやミルクジャムなどを味わえる場所が、「クリームテラス」本店です。同牧場の敷地内に2005年4月に建てられました。

「コンセプトは『牧場のショールーム』。生産現場に密着し、自然をお客様に感じてもら

1.「クリームテラス」本店のウェルカムドリンク　2. ミルクジャム　3.「クリームテラス」本店の内観　4. 牛と新村浩隆代表

初夏の十勝しんむら牧場

うのが目的です」と浩隆さんは話します。

来店客には水の代わりに、ウェルカムドリンクとして新鮮なミルクが振る舞われます。口当たりはさっぱり、ほのかな甘みが広がり、子どもからお年寄りまで、誰もが笑顔になります。

「想像以上においしい」「牛乳が苦手な子どもが、ここの牛乳なら飲めました」。そうした声もたくさん寄せられ、スタッフのモチベーションアップにつながっています。

社員として10年ほど働く杉山美賀子さんは「私も牧場で搾乳することもあり、愛情を持って牛と接しているので、牛乳もミルクジャムも『間違いなく良いものです！』と自信を持ってお勧めできます。もちろん私も、毎日ここのおいしい牛乳を飲んでいますよ」と話してくれました。

放牧豚で牧場に多様性を

クリームテラスの大きな窓の外には、立派な大木がそびえ、小川も流れ、周辺の雑草管理を任されたかわいいヤギを見かけることもあります。その奥に広がる11ヘクタールの山林では、2015年7月から豚が放牧されています。

「牧場に多様性をもたらしたい」という浩隆さんの思いから始まった放牧豚の試みは、当初3頭からスタートし、自然分娩で増えて現在50頭。牧草や笹、木の実などを好きに食べ、山林でのびのびと過ごした豚たちは「山森野豚」と名付られ、ハンバーグやソーセージとして加工されています。

「頭数を増やし過ぎると泥山になる可能性があるので、自然の生態系を崩さないようバランスに配慮しながら育てています。とはいえ、こういう環境で豚を放牧する場所は日本のどこにもないので、すべてが手探りです」と浩隆さんは話します。

牧場の根幹を成す土づくりを徹底し、自然の潜在力を引き出して、安心・安全な酪農を地道に実践すること。牛や豚の頭数をどんどん増やし、牧場の規模拡大に走るのではなく、浩隆さんが納得したやり方で、目の届く範囲の成長に徹すること。これが、十勝しんむら牧場のモットーであり、持続可能な酪農を実現できた理由なのでしょう。

浩隆さんは何事にも「本質かどうか」を自分に問うことを大切にしていると言います。「突き詰めていくと、ぼやっと見えていたものが一筋の光になります。そこにたどりつくことを考えて、今すべきことを積み重ねていく、それだけですね」。さらに、こうも付け加えました。「あと、ハッピーかどうかも大切です。楽しいことでないと続きませんから」

価値を作り、高めること

楽しさといえば、浩隆さんは2021年、牧場にあるものを設置して全国の人を驚かせました。それは、サウナです。コンテナを改造したサウナ室は本格的で、放牧された牛たちを間近に眺めながら休めることから「ミルクサウナ」と命名。2時間貸し切り2万2000円という料金は決して安いとは言えませんが、東京からわざわざ足を運ぶ人がいるほど評判です。

さらに、宿泊できるコテージも隣接。朝から晩までじっくり過ごせる場を整えたことで、浩隆さんは「価値を作る」ことの大切さを再認識したそうです。

「それまでは、牛乳やミルクジャムなど牧場から生産したモノの価値しか見えていませんでした。でも実は、牧場という空間そのもの、ゆったりした時間の流れ方にも、もっと価値があるはず。それを見つけ、高めていきたいと思っています」

最後に浩隆さんは、こんな夢を明かしてくれました。

「自分がちょうど100歳になる2071年には、牧場内に人と自然が調和したコミュニティー＝『エコビレッジ』が生まれているといいな、と思っています。というのも、社会が成熟し、暮らしは豊かで自由になったはずなのに、誰もが忙しく、戦争など不安も絶えません。食べ物を作り、命を育む牧場という場所で、人間も動物らしく、幸せに生きられないだろうか、と。大げさに聞こえるかもしれませんが、『農業から世界平和』というのが、今のテーマでもあります」

企業データ　　会社名　**有限会社十勝しんむら牧場**				
所在地	〒080-1407 北海道河東郡上士幌町字上音更西1線261番地			
連絡先	電話番号：01564-2-3923			
年間売り上げ（直近のもの）	2億円			
従業員数（正規、非正規別）	正規社員	12人	非正規社員	10人
従業員男女比	男性	20%	女性	80%
平均勤続年数（男女別）	男性	2年	女性	8年
離職率（入社5年未満）	37.5%			
育休取得率（男女別）	男性	0%	女性	0%
女性管理職比率	70%			

※女性管理職の定義については企業ごとに異なるため、企業の意思決定層にいる女性を対象とします。

第9章

社会福祉法人北海道光生舎

できないと言わない できるためにを考える

09 「日本一」の福祉を目指す会社

障がいから学んだ組織運営

人が、何かを実現しようと思う意志の強さ、そこには無限の可能性があることを赤平市の社会福祉法人北海道光生舎の歩みは教えてくれます。

北海道光生舎は、1956年に高江智和理《ちおり》現理事長の父、常男さんが創設しました。現在は、障がい者に働く場を提供する就労施設と、障がい者や高齢者に通所や入所の支援サービスを提供する福祉施設の二本柱で構成。一般家庭からの衣類をクリーニングするホームクリーニング工場、ホテルで使用するタオルやシーツ、浴衣などをクリーニング付きでレンタルするリネンサプライ工場、病院で使用するリネン品や白衣をクリーニングする病院寝具工場、モップや玄関マットのレンタルと洗浄を行うダストコントロール工場など、7

事業を展開しています。

また障がい者、高齢者、生活困窮者、児童を対象とした入所・通所サービス、グループホームなどの福祉施設も数多く運営しています。

事業所数は、創業の地である赤平市に13施設、札幌市に7施設、赤平市近隣の歌志内市に3施設、芦別市に2施設、滝川市に1施設。利用者数は約１１００人、正規と非正規の職員の合計は６８０人。社会福祉法人だけで年間収益は65億円。このほか、営業部門の株式会社光生舎や半導体工場等のクリーンルームに特殊衣料を提供する北海道シーアイシー研究所もあります。

右目と両腕を失ってからの逆転人生

この総合福祉事業体を創業者の常男さんは一代で築きました。しかも常男さんは、小学生の時に右目を失明し、17歳の時に事故で両腕を失った障がい者だったのです。

常男さんの生涯を紹介することなく、本書で北海道光生舎を語ることはできません。

高江常男さんは、７男４女の６男として１９２７年（昭和２年）３月７日に芦別市の三菱芦別炭鉱の炭鉱住宅で生まれました。炭鉱夫だった父は昭和大恐慌に巻き込まれて失業。各地を転々としていつしか赤平の大谷沢炭鉱に落ち着きます。赤平に移る前の高江家は赤貧という言葉がふさわしい貧しい家庭で、十分な医療をうけることができず長男、次男が早くに亡くなりました。そうした境遇ではありましたが、常男少年はガキ大将として活発な少年時代を送っていました。しかし、小学校4年生で竹とんぼが目に刺さるという不幸な事故で右目の視力を失います。

常男さんは、上級学校への進学を望みますが、かなうはずもなく、小学校卒業後に赤平の大谷沢炭鉱の小使いとして働き始めました。青年になれば炭鉱夫になる運命です。そのことを嫌ったのでしょう。独学で電気工事の資格を取りました。このことが常男さんの運命を大きく変えます。

国の零細炭坑整理令によって住友赤平炭鉱を辞めた常男さんは、1944年（昭和19年）12月、根釧原野での飛行場建設の架線工事で、業務上の連絡ミスから3300ボルトの高圧電流を浴びてしまうのです。釧路の病院に搬送されて命は取り止めましたが、両腕の火傷がひどく、2カ月の間に、右手首、左手首、右腕、左腕と順番に切り落とされていきました。

赤平の炭住に戻ったのは終戦の年の3月下旬。絶望の中にあった常男さんは、傷口の治療のために通った炭鉱病院で一人の若い看護師さんの温情に触れ、生きる望みを取り戻していきます。

「死のうと思って空知川にかかった水道の吊り橋をわたった時、炭住の明かりがチラッと見えた。その明かりを見て私は無性に彼女に会いたくなり、また狭い踏み板を揺られながら戻って助かったことがある」と自伝に記しています。

やがて常男さんは、口に筆をくわえて文字を書くことを覚えました。「仕事ができなくなった以上、生きる道は一生、親兄弟の世話になって過ごすか、自活の道を探すかであるが、親兄弟の世話になって暮らすというのは私の自尊心が許さなかった」と常男さんは自伝で振り返っています。

両腕のない常男さんが就ける仕事は限られています。浪花節語りなど、できそうな仕事を試みたこともありましたが失敗し、口で文字を書くという技能を生かし、詩や小説を書いて生活する道を目指しました。そのためには文章力とそれを裏付ける教養が必要です。常男さんは「1日3時間睡眠」を課し、リンゴ箱でつくった机を、読書用、小説用、詩作用と3つ用意して、順番に課題に取り組むという勉強法を編み出しました。

この生活は7年におよび、常男さんは炭鉱街の文学青年の間で「百科事典」と言われるほどの知識を蓄えました。「小説を書ける才能があると言うのではなく、それ以外に生きる道はないという追い詰められた感情からであった」と常男さんは自伝で語っています。

新聞記者として再出発

常男さんの博学ぶりは、芦別市の新聞『空知タイムス』の知るところとなり、整理部に迎えられて記者の原稿をチェックする仕事に就きました。『空知タイムス』が赤平支局を出すことになると、土地勘のある常男さんは取材のサポートを頼まれ、やがて取材記者として市内を巡るようになりました。腕のない不自由を補うために常男さんは、自費で中学校を出たばかりの少年を助手として雇ったのです。

新聞記者となった常男さんは水を得た魚のように活躍します。1955年11月に雄別茂尻炭鉱でガス爆発事故が起こると現地に駆けつけて取材。60人が坑内に閉じ込められる重大事故でしたが、会社は箝口令を敷きました。NHKの赤平通信員でもあった常男さんは、このことを突きとめて60人の氏名とともに送稿。このスクープはNHK報道特賞を受賞しました。

1カ月後、常男さんは活躍が認められて北海道知事表彰を受賞します。常男さんが生涯の伴侶となる美穂子さんと結婚したのは翌年3月でした。

美穂子さんとの出会いは常男さんが参加していた文学サークルでした。美穂子さんは、常男さんが親しくしていたサークル仲間の姉で、結婚したばかりの妹を心配し、しばしば新居の様子を見に来ていたのです。生涯結婚することはないと考えていた常男さんでしたが、仲間の家で美穂子さんに一目惚れし、文通が始まります。

常男さんの修業を積んだ文章は日々の出来事の報告であってもひきつけるものがありました。文通が始まって3年がたった1955年の春、美穂子さんから「貴方のお世話をしてあげたい」との返信が届きます。そして常男さんを支援する多くの人たちのからの励ましもあり、翌年3月27日に二人は結婚しました。

以降、美穂子さんは失われた両腕の代わりとなって常男さんに付き従い、光生舎の躍進を支えました。美穂子さんは「寮長」と呼ばれ、やがて利用者にも職員にも敬愛される存在になっていきます。

障がい者が働く場を

常男さんは新聞記者として自立した生活を送ることができましたが、気がかりなのは、自分と同じく障がいがある人たちです。当時赤平には、戦争や炭鉱の事故で障がいがある人たちが大勢いました。しかし福祉関係の制度やサービスは十分ではなく、障がい者は、それぞれ厳しい状況に置かれていたのです。

新聞記者として、そうした人たちと接する機会も多かった常男さんは、何かできることはないかと模索するようになります。1954年6月に常男さんが働きかけて赤平で初めての身体障害者福祉協会が発足しました。

事務局長となった常男さんは、空知タイムス赤平支局に事務局を置いて協会を切り盛りしますが、悩みは活動資金。身体障害者福祉法は4年前にできたばかりで、補助制度などは未整備。障がい者である会員からの会費もあてにできません。

1954年7月、赤平は町から市に昇格します。これに合わせて町立病院の改修計画が立ち上がり、売店を設置することとなりました。常男さんは、福祉協会の運営資金を売店運営によって賄うことを考え、記者としての人脈を生かして運営権を獲得しました。

市立病院の売店とはいえ商店の開業です。常男さんが障がい者授産事業に足を踏み入れた最初の一歩は、資金確保の闘いの始まりでもありました。障がい者が運営する商店に対して市中銀行からは開業資金の融資を断られましたが、協会会員の多くは炭坑事故で障がい者となった労働者である、と言って北海道労働金庫を説得しました。

1955年、赤平市身体障害福祉協会の障がい者3人が運営する売店が市立病院にオープンしました。売店の営業利益に支えられて常男さんは、さまざまな事業を試みますが、立ち塞がったのは根強い障がい者差別と福祉への無理解でした。常男さんは「自分たちのことは自分たちで解決するよりほかない」と決心します。

クリーニング事業に先見の明

障がい者が自立するには生活の基盤がなければなりません。そのためには、安定した仕事、職場が必要です。常男さんは本格的な授産施設をつくろうと立ち上がりましたが、福祉当局はまったく相手にしてくれません。そこで発想を変えて中小企業相談所を訪ねてみることにしました。

中小企業相談所の所長から常男さんは、企業論やマーケティング論、経営学を学び、障がい者授産にふさわしい事業としてリストアップした数十種の業種の中から、クリーニングを選びました。高度経済成長のなかで成長が見込まれる事業であり、何よりも機械の導入によって障がいによる力不足を補うことができると考えたからです。

１９５５年の夏、常男さんは「赤平ドライクリーニング工場設置計画」と題した事業計画書を作成して運動を開始しました。

障がい者ができない作業を機械によって補う工場ですから、一般的なクリーニング店よりも資金がかかります。従業員は障がい者で、代表である常男さんは自己資金がない。事業主体は福祉協会という任意団体。常男さんは赤平と札幌を往復して、道の福祉部局、銀行、障がい者団体、赤い羽根共同募金、クリーニング機械メーカーを回り、「障がい者のため」と正義感に訴えましたが、どこも首を縦に振りません。

さすがの常男さんも「切羽詰まった」と思っていた時、ある席で市立病院の売店開店で世話になった労働金庫の支店長と会いました。この時に授産事業を興こす計画を支店長に話したことから、労働金庫本店の審査部長を訪ねることにつながったのです。１９５６年2月、常男さんの、赤平の、北海道の、そして全国の障がい者の夢を背負った一大プレゼンテーションが始まります。

「私たちの生きる道は、今の日本でこの方法しかないとさえ考えております」と常男さんが訴えると、労働金庫は「赤平市から保証を得られるか」と尋ねました。常男さんが「はい」と答えると、理事長が「お貸しすることとしましょう」と、その場で決裁しました。この融資は、金融のプロに「こんな立派な計画書は初めて見た」と言わしめた常男さんの事業計画書があったからこそ実現しました。

1956年9月15日、赤平市錦町3丁目に光生舎ドライクリーニング工場が操業を開始しました。工場長としてクリーニングの指導に当たる職人一人を除いて20人の職員全員が福祉協会の会員です。名前は、常男さんと美穂子さんが相談して障がい者の「光が生まれる」場所として「光生舎」と名付けました。

日本一の社会福祉法人に

創業時、光生舎ドライクリーニング工場の運営主体は赤平市身体障害者福祉協会でしたが、協会は社会福祉法人ではなく、法人格をもたない任意団体でした。当時の制度は、社会福祉法人が収益事業を行うことを想定していなかったのです。

クリーニング工場が走り始めると、運転資金を借りるため社会福祉法人になることが必要となりました。法人認可を取るためには入所施設をもつことが必須条件。さらに、施設建設の費用融資を受けるためには法人認可も必要でした。倒産寸前だった1959年5月22日、光生舎に社会福祉法人の認可が降りました。

最後の決め手は、両腕のない新聞記者として厚生大臣表彰を受賞する道筋をつけ、大臣表彰の威光を背に厚生省本局に出向いて認可を取り付けるというアクロバットな手法でした。後に常男さんは「どれ一つ、どこかで歯車が狂っていたら私の命は風前の灯であった」と書き残しています。

その後の光生舎は快進撃。瞬く間に中空知のクリーニング市場を席巻し、1970年には札幌進出を果たしました。

常男さんは、社会福祉法人認可後も新聞記者の仕事は続け、光生舎の一日の仕事が終わった後に原稿を書き、深夜の列車で新聞社に送っていました。しかし、勤め先の新聞社は薄給で、これでは結婚生活が成り立たないと1957年に『赤平新報』を創業して生活費を確保していました。常男さんは1980年に光生舎ボランタリー株式会社（現・株式会社光生舎）ができるまで光生舎から給料をもらっていなかったのです。授産事業の収益をすべて光生舎に注ぐためです。

既存のクリーニング業界の反発から、創業10年目の１９６６年に営業部門を有限会社光生舎ボランタリーとして分離するなどの曲折はありましたが、光生舎は日本一の社会福祉法人としての基盤を昭和40年代に築くのです。

昭和から平成へ、「炎の経営者」と呼ばれた常男さんの物語は続きますが、２００７年7月27日に80歳で亡くなった常男さんの跡を引き継いだ後継者たちに話を移しましょう。

受け継がれる先代のスピリット

常男さんが存命ならば、障がい者の企業授産の道を切り開いた社会福祉法人北海道光生舎が「北海道で一番大切にしたい会社」であることに異を唱える人はいないでしょう。知りたいのは、常男さんの精神が今も受け継がれているか、です。

常男さんの長男智和理さんは、１９６０年に赤平市で現在光生舎のクリーニング工場のある場所で生まれました。工場で働く障がい者とともに育った智和理さんは父常男さんを

「両手のない障がい者であったけれども、そんなことを考えもしなかったです。仕事のことを家に持ち帰ることもなく、やさしい父で、一緒に遊んでくれました」と振り返ります。

智和理さんは東京の大学に進学、卒業後に1年間クリーニング学校と経理の専門学校に通った後、1984年に光生舎に入社します。

「入社当初は障がい者のために会社をなくしてはならないとは思っていましたし、自分がそのことに貢献したいという気持ちでしたが、もしも法人の中で優秀な方がいれば、その方が引き継ぐべきだという思いでいました」という智和理さんは、一通り現場を経験した後、常務理事として業務改善にあたっていました。

2000年1月28日、自宅にいた常男さんは脳梗塞に襲われます。滝川市の脳外科病院に緊急搬送。2日目の夜から容態は急変して、病院に駆けつけた智和理さんに常男さんはろれつの回らない声で絞り出すように「お前が理事長をやれ」と言いました。やがて常男さんは6年にわたる意識不明状態に入ります。

「父はカリスマでした。法人のすべてを父が決裁している。それを明日からお前がやれと言われて、〝はい、わかりました〟とはなりません。目の前が真っ暗になる思いでした」

このとき智和理さんは、常男さんが光生舎をつくるときのエピソードを思い出します。

「クリーニング工場を建てるため労働金庫の審査に臨んだ時、父はダメだったら高架線から飛び降りて死ぬつもりでいたそうです。折に触れて父からこの経緯を聞き、どのような思いでこの会社をつくったのか、胸が締め付けられる思いでした。経営を引き継いだときに思い出したのがこの話です。そうか、自分がやって駄目ならば死ねばいいのかと覚悟を決めました。それからです。眠れるようになったのは」

常男さんが光生舎をつくった思いは、障がい者の仕事をつくることでした。それから45年で光生舎は500人の障がい者が働く場になっていました。智和理さんが最初に決意したのは「まずは会社を潰さない」こと。「やるだけやってもし資金不足になってどうしようもなくなったら、自分に生命保険を掛けて死のう」と想いを定めました。そのとき「どんなバカが経営しても5年は潰れないようにしてある」と常男さんが語っていたことを思い出し、初めて全体を俯瞰して見ることができるようになったと言います。

創業理念を幹部と共有

そして智和理さんが始めたのが幹部を集めての早朝幹部会です。

「父の人生は小さな雪玉を転がして坂道を登るようなものでした。その雪玉はだんだんと大きくなり、父が倒れた時にそれを私が支えられるのかと思いました。しかしその雪玉は父が一人で支えていたのではなく、多くの職員と一緒に支えていたものでした。その職員と一緒に同じ方向に雪玉を押せばもっと先に転がせると思いました。そうしてみんなとベクトルを合わせるために朝7時から早朝会議を始めました」

幸い新聞記者を経験していた常男さんは多くの書き物を残していましたから、早朝幹部会では常男さんの残したものがテキストになりました。目指したのは創業の理念を幹部と共有することでした。

「父は存在そのものが理念の体現者でした」と語る智和理さんは、このようにして幹部会で常男さんの理念を共有していったほか、記念誌や評伝などさまざまな編集物を制作して、全ての職員が常男さんの足跡と理念にふれることができるようにしていきました。

北海道光生舎副理事長の三上洸二《こうじ》さんは、常男さんの生涯を「人に不可能はないことを証明する一生だった」と振り返ります。

三上さんは智和理さんと同期入社ですが、年齢は2歳上。1981年に東京から帰省し

1. 高江智和理理事長　**2.** 高江一樹さん　**3.** 河瀬早織さん　**4.** 三上洸二さん　**5.** ホームクリーング工場　**6.** リネンサプライ工場

た三上さんは、道内での就職を目指して故郷である赤平に戻り、新聞記者になるための準備として光生舎のアルバイトになりました。夜警の仕事で受験勉強との両立ができると考えたのです。ところが間もなく常男さんに呼び出されて「考え直せ、騙されたと思ってうちに就職せよ」と強く言われます。

「当時の私は生意気で、世の中の大人を舐めていたところがありました。ところが、初めて名誉理事長（常男さん）に会ったとき、姿を見た瞬間から、〝ああ、この人は違う、世の中にはすごい人がやっぱりいるのだ〟ということが一目でわかったんです」と三上さんは振り返ります。

常男さんに徹底的に鍛え上げられた三上さんは「ぼくの使命は名誉理事長の物語を風化させない、語り継ぐことです」と言います。

「名誉理事長は、〝できない〟と言うこと、言われることを徹底的に嫌っていました。〝〜したいと思います〟という言い方は必ず直されます。〝必ずやります！　言い切れ〟と。〝やる〟と言ってできないとものすごい勢いで怒る。叱責が1時間以上も続くこともありました。言い訳を挟むとさらにボルテージが上がり、私は5時間も立たされたことがあります」

大変な暴君とも言えるエピソードですが、それでも常男さんを嫌いだという人は一人もいなかったそうです。

常男さんは、すべての決裁書類に細かく目を通し、少しでも疑問があれば赤ペンで書き入れて戻しました。赤字の書き込みが消えるまで書類の往復が続いたそうです。このことから常男さんの叱責には、現場を正しく把握した反論の余地のない説得力がありました。

厳しく職員に接する一方で常男さんには、職員、利用者に向けた細やかな気配りがありました。

「例のように叱責を受けた帰り際に、名誉理事長が『三上君、今日は娘さんの誕生日だよな。帰りに受付に寄っていけ』と声を掛けたんです。受付にはプレゼントのぬいぐるみがありました。このときのぼくは一介の職員です。そんなぼくの娘の誕生日まで覚えてくれていたなんて…やられた！　と思いましたね」

福祉の心を教える存在

最近の職員にとって常男さんは、豪腕経営者であるよりも、福祉の心を教える存在として語られているようです。

高齢者施設ケアハウスすいこうの副所長・河瀬早織さんは、２００３年の入社です。合同企業説明会で何となく立ち寄った光生舎のブースで、障がい者の福祉について説明を受け、福祉の世界を知ったことが入社のきっかけとなりました。

河瀬さんは、施設に伝わるこんなエピソードを明かしてくれました。「名誉理事長が散歩するとき付き添いをしていた職員がうちにいます。雨の日も欠かさずに散歩をするのですが、時間が経ち、傘を持つ手が重くなってくると名誉理事長は、そっと反対側に回って手を楽にさせてくれたそうです。とても優しい人ですね」

また「名誉理事長の「できないと言わない」という精神は、今でも引き継がれています」と言います。河瀬さんが勤めるケアハウスすいこうの「基本方針」の一つにできないと言わない。できるためにを考える」という方針があり、これは10年以上前にスタッフで考え決めた方針だそうです。

「うちの施設では、スタッフ一同、「できない」から物事を考えません。必ず、「できるために」どうしたら良いのかを考える意識付けがなされています。名誉理事長には直接お会いした事はありませんが、名誉理事長の意志は、こうして代々引き継がれている事を実感しています」

光生舎管理部の高江一樹さんは、1994年、東京生まれ。大学時代に常男さんのお孫さんと知り合い、結婚後に高江姓を名乗りました。常男さんが亡くなって10年後の入社ですが、「〝できないと言わない〟環境の中で育てられてきたDNAを工場でも感じています」と言います。

「〝できないと言わない〟ために、長年〝できること〟を考え続けてきたノウハウがすごくて、何を聞いても、そんな考え方があるんですか？　というような答えが返ってくるんです」

しかし、さまざまな状況の中で実現の難しいことは出てきます。

「確かに一人ではできないことはあります。でも、みんなで力を合わせればできるようになります。うちは研修会や会議など一緒に考える場が多く、みんなで考えて乗り越えていこうという場が整えられていると思います」と一樹さんは言います。かつて常男さんの超人的な力で乗り越えたことを、集団の力で乗り越えていく組織文化として、常男さんの理念は受け継がれています。

常男さんが活躍した高度成長期から成熟の時代を迎え、変わっていかなければならない組織文化もあります。

三上さんは「名誉理事長は、『忙しくてできませんでした』という言い訳に対してよく『お前はその間寝たのか？　寝る時間があったならばなぜやらない。仕事をしすぎて死んだ奴はいないんだ』と言っていました。過労死という言葉もない時代でしたから」と振り返ります。でも今は「働き方改革」の時代です。

「名誉理事長は、障がい者の働く場をつくることに一生をささげた人でしたが、労働を通して障がい者に人間としての尊厳を回復させるために始めたのがたまたま福祉だったと思うんです。労働は収入を得るための手段ですが、労働そのものに価値がある。そう捉えれば、大切なのは時間の長さではありません。短い時間でもその人にとって価値のある時間となっていれば、名誉理事長の理念を受け継いだ働き方です」と、法人幹部として三上さんは創業者の理念を受け継いだ光生舎らしい職場改革を進めています。

智和理さんは語ります。「私たちが一番大切にしなければならないのは、ここを利用している利用者さんで、父の代から変わらない理念です。普通のクリーニング屋さんならクリーニングのことだけを考えればいいですが、うちでは福祉の勉強もしてもらっています。普通の会社よりも求めるものが多い。それでも、職員が幸せでなければ、利用者を幸せにできません。今私たちは働いている職員を一番に大切する組織に変えようとしています。

日本一の施設にしたいと思っていますが、職員も利用者さんも、誰もがここで幸せを感じられるようになってはじめて日本一だと思っています」

国の管理下に置かれる福祉は従業員本位の職場づくりが難しい分野の代表です。それでも、北海道光生舎ならば、日本の福祉を変える先頭に立ってくれるでしょう。「人がすることにできないことはない」のですから。

企業データ　　会社名　**社会福祉法人北海道光生舎**				
所在地	〒079-1135 赤平市錦町２丁目６番地			
連絡先	電話番号：0125-32-3221			
年間売り上げ （直近のもの）	65億円（2023年度）			
従業員数 （正規、非正規別）	正規社員	362人	非正規社員	318人
従業員男女比	男性	30%	女性	70%
平均勤続年数 （男女別）	男性	10年10カ月	女性	9年10カ月
離職率 （入社５年未満）	6.3%（2023年度）			
育休取得率 （男女別）	男性	15%	女性	100%
女性管理職比率	11%			

※女性管理職の定義については企業ごとに異なるため、企業の意思決定層にいる女性を対象とします。

第10章

北洋建設株式会社

本当に困ったら
いつでも戻っておいで

10 日本でいちばん多く元受刑者を受け入れる会社

人の面倒を見るのが好きな経営者

札幌市東区の静かな住宅街の中に、「日本でいちばん多くの元受刑者を雇用してきた」といわれる北洋建設という会社があります。

北洋建設は建物を一から作る建設会社です。高いビルでは5階建てのマンションを建てることもあります。

創業したのは社長を務める小澤輝真さんのお父さんの政洋さん。会長を務める静江さんの夫です。現在の社員数は20人ほど。1973年に小澤工務店として創業し、50年あまりで、これまで600人以上の元受刑者を雇用してきました。

政洋さんは創業当初から、札幌刑務所に出向き、刑期を終えた元受刑者に「行くところがなかったら、うちに来い」と、次から次へと声をかけました。当時は住宅建築ブームの真っただ中で、どの建設会社も人手不足。あっちでもこっちでも新しい建物が建っていて、とにかくすぐに働いてくれる人が必要でした。そこで切実に仕事を探している人を見つけるために、元受刑者に声をかけたのです。

でも元受刑者に声をかけたのは、それだけが理由ではありません。政洋さんが元受刑者と話をすると、幼い頃に親の愛情に飢えていたり、育児を放棄されたりと、とてもかわいそうな身の上の人が多かったのです。

そして元受刑者というだけで、出所後も住むところがなく、仕事も見つけられないという現状を知り、何とか人助けをしなくてはいけないと思うようになりました。

北洋建設への就職が決まった元受刑者の中には、感激して涙を流す人や、「命を救われた」という人もいました。静江さんは「主人も私も、他人の面倒をみるのが好きで楽しかったの。困っている人の面倒をみて、喜んでもらえて、私たち自身がうれしかったから」と、当時を振り返ります。

人助けの精神

北洋建設の「人助け」はこれだけではありません。北洋建設では罪を犯した人を社会復帰させるために元受刑者を受け入れてきました。と同時に、静江さんは家庭裁判所からの要請で、２００３年から問題を起こした少年の更生を助ける「補導委託」という活動を始めました。

家庭裁判所では、問題を起こした少年の処分を決める際に、少年を家庭裁判所調査官の観察に付すことがあります。これを試験観察といいます。

試験観察中、家庭裁判所調査官は少年が立ち直るための指導や観察を続け、観察結果などを踏まえて裁判官が最終的な処分を決めます。

試験観察の際に、少年を民間の人や施設に指導を委ねて観察することがあり、これを「補導委託」といいます。

補導委託中の少年は委託先の施設で生活を共にしたり、仕事を教わったりするなかで、社会人としての生活習慣を学んでいきます。静江さんは北洋建設で補導委託の少年を預かることになるのです。

私を留置所に入れてください

静江さんは、ある少年とのエピソードを今でも忘れられないと振り返ります。補導委託期間中の少年が万引きをして、静江さんが警察に呼ばれたことがありました。

補導委託期間は4カ月。それまでの3カ月は工事現場でまじめに働いていただけに、静江さんは腹が立つやら、悔しい気持ちやらでいっぱいです。「何のために万引きした」と問い詰めたところ、少年は「遊ぶお金がほしくて、漫画を万引きした」と言います。「あんた、また少年院に行きたいの」。静江さんは泣きながら少年の頬を2、3回、叩きました。慌てて止めに入った警察官に静江さんは「今、私は暴力をふるってしまったので、（少年ではなく）私を留置所に入れてください」と言ったのです。

そんな静江さんの姿を見て、少年は涙ながらに「悪いのは僕です。僕が悪いんだから社長（当時・静江さん）を逮捕するのはやめてください」と訴えました。この少年は少年院に入ることなく、二度と悪い道には進みませんでした。

この人がいれば大丈夫

その後も静江さんは補導委託の活動を続け、15年間に渡り、33人の少年を引き受けて、たくさんの少年たちを立ち直らせてきました。そんな静江さんは少年たちから「第2かあさん」と呼ばれています。静江さんは「本当の母になったつもりで少年たちと向き合わないと、育成できない」との思いでした。

親に心底怒られたことがない少年や親からの愛情に飢えている子どももたくさんいました。泣きながら叱ったのも、母親になり切っていたから。静江さんは真剣に腹を立てたり、思い切り褒めたりして、愛情を持って接してきました。

この人がいれば大丈夫。この人はどんなことがあっても自分の味方だ。少年たちにとって、自分を心から大事に思ってくれる静江さんの存在はどんなに大きかったことでしょう。

静江さんのもとで愛情たっぷりに育った少年たちは、北洋建設を巣立った後も頻繁に「かあさん、いるかい?」と連絡をしてきます。会社を興し社長となって訪れる人、親となり子どもと一緒に「里帰り」する人までさまざま。

毎年1月と5月、北洋建設には少年たちからたくさんの贈り物が届きます。1月は静江さんの誕生日、5月は母の日があるからです。

法務大臣に直談判

元受刑者を積極的に受けいれてきた政洋さん、少年の補導委託を続けた静江さんの後ろ姿を見て育った輝真さんは両親の思いを受け継ぎます。創業者の政洋さんが亡くなり、2代目の社長を務めた静江さんから経営を託された輝真さんは元受刑者の雇用をさらに積極的に行うようになります。

輝真さんはハローワークを通して全国の刑務所に求人を出す一方、法務省から許可を得て、全国各地の刑務所に北洋建設の求人のポスターを貼ってもらうように働きかけました。多くの受刑者に北洋建設の存在を知ってもらおうと思ったからです。ところが、なかには所長の考えで刑務所にポスターを貼ってもらえないところもありました。

所長がポスターを貼らない理由の一つとして挙げたのが「北洋建設は北海道の会社だから、本州の出所者が働きたいと思わない」という理由でした。それを知った輝真さんは憤ります。出所者のことを知らない人が多い北海道という土地だからこそ、新しい人生のスタートを切れるのです。

そこで、ポスターには「北海道の企業なので、地元より遠い方が悪い友達に会わないと言う人が多いです。過去を反省し心機一転‼　是非応募下さい」と書きました。

また、「特定企業の宣伝になるから」という理由でポスターを貼ってもらえなかったときには、刑務所を管轄する法務省へ行き、直接上川陽子法務大臣（当時）に直談判したこともありました。

「今も刑務所で仕事を探している人がたくさんいるんです。僕は出所者の更生に全力をかけています。やるべきことをやりましょう」と訴えました。こうした輝真さんの並外れた情熱は、道を開いていきます。

ポスターを見て、北洋建設への入社を希望する受刑者から連絡があると、輝真さんは休日返上で、全国どこの刑務所にでも出向いていきました。北海道内にある刑務所にはすべて出向いたほか、日本全国、南から挙げると、沖縄、福岡、長崎、大分、鹿児島、宮崎、高知、愛媛…。数えると全国一〇〇カ所以上、きりがありません。受刑者からの手紙がきたら、どこへでも行きました。

1. 小澤静江会長　2. 小澤輝真社長（中央）。両隣りは、刑務所や少年院などでコンサートを続け、「受刑者のアイドル」と呼ばれる歌手「Paix2（ぺぺ）」の２人。（左）はManami（まなみ）さん、（右）はMegumi（めぐみ）さん

輝真さんの思い

輝真さんは、脊髄小脳変性症という病気を患っています。小脳が委縮して体が少しずつ動かなくなってしまう難病です。2012年に病気を発症してからは、自力で歩くことも難しくなり、車いすでの移動となりました。

輝真さんは「自分が不自由な体になって初めて、困っている人の気持ちがわかるようになった」といいます。「生きているうちにできるかぎりのことをしよう」。ハンディがあっても、輝真さんは決して下を向くことはありません。

元受刑者の雇用に力を入れるのは、輝真さん自身の経験も関係しています。輝真さんはもともと筋金入りのロッカーでした。高校を中退して、同級生とバンドを結成し、プロのドラマーを目指していたときのこと。バンドの活動資金を稼ぐために、花屋のアルバイトに応募したところ、店長に「ふざけてんのか」と怒鳴られて不採用になってしまいます。髪の毛をピンク色に染めていたからです。

仕事へのやる気はあったのに、見た目で判断されたことに、輝真さんは深く傷つきました。そのとき、「自分は見た目や経歴で人を判断する人間になりたくない」と強く思ったといいます。

ただ、そんなときも、静江さんだけは輝真さんの味方でした。「何でも経験だからやりなさい」とプロのドラマーを目指す息子の背中を押します。ドラムが上達するようにドラムの先生を2人付けて習わせるほど。ライブで着る衣装も、静江さんが夜なべして作りました。

ピンクの髪をした輝真さんのことを近所の人が、「あそこの子は不良だから、あそこの子と付き合うんじゃない」と知ったときには、「あなたの子供でないでしょ」と言って怒鳴り返しました。静江さんは息子に「いつだってあなたのやっていることを信じている」と伝えたかったといいます。

働いて収入を得るということ

「元受刑者という経歴だけで差別される世の中ではあってはいけない」。輝真さんは出所後の元受刑者の実情を知り、「人は仕事があれば再犯しない」との思いを強くします。法務省発行の「犯罪白書」（2022年）によると、刑務所に再入所した8000人あまりの受刑者のうち、7割は無職の人でした。

出所しても、仕事がないと収入を得られず、住むところがなく、すぐに路頭に迷ってしまいます。なかには、三食が出る刑務所の方がいいからと、再び犯罪に手を染めてしまう人も少なくありません。

社会復帰するためには、働いて収入を得る前に、衣食住の環境を整えて生活の基盤を作る必要があります。北洋建設では、本社の横に社員寮を完備。敷金を用意する必要はなく、住宅を借りる際の保証人を用意する必要もないため、出所したその日からすぐに寮で暮らすことができます。もちろん三食付き。

出所から札幌まで移動する交通費もすべて会社持ち。出所者のなかには、下着の替えさえも持っていない人もいます。作業服、ヘルメット、腰道具、安全帯、ラジェット、ボルトクリッパー、スケール…。現場に行くために必要な仕事道具一式もすべて会社が用意してくれます。

現場での作業も、ネコ（土砂などを運搬する手押し車）を使って材料を運ぶなど未経験でもできる作業を先輩社員が付ききっきりで教えてくれます。

居心地の良い職場環境をつくることも大切にしています。元受刑者のなかには刑務所以外で働いた経験がなく、働くことがどういうことかをわかっていない人もいます。そのうえ、建設の仕事は一年中外での仕事で、夏は暑く冬は寒い中での仕事です。体力的に厳しそうなときは「無理しなくてもいい」という声掛けも忘れません。

それぞれが歩んできた人生

北洋建設では新人が入ると必ず歓迎会を開きます。元受刑者の歓迎会では、先輩たちが自ら過去に犯した罪や失敗談を正直にあけすけに話します。

どうせみんな隠しごとがあるんでしょう――。日々周りの人間を疑って生きるのは苦しいこと。北洋建設では、犯罪歴を隠す必要などありません。犯した罪をオープンにすることで、他人を詮索する人はいなくなります。嘘を重ねる必要もありません。

それぞれが歩んできた人生。背負ってきた罪。違う痛み、違う苦しみがあります。痛みや苦しみは誰かに打ち明けることで楽になることもあります。

人は信頼できる相手にしか救いを求めることはできません。先輩社員のことを信頼できる人たちだと感じたら、新人は少しずつ心を開き、困ったときも、自分からＳＯＳを出すことができます。自分の苦しさや怖さを吐き出すことで、決して強制的ではなく、自然に暗い過去とも向き合えるようになります。

2千円札に込められた想い

北洋建設では元受刑者が社会復帰するにあたっての生活指導もしています。無駄なお金を使わないようにするための工夫ではこんなことも。例えば給料を支払うとき。希望者には入社当初、毎月の給料のうち1日働いた分の給料から日払いで2千円札を先に支払っています。

刑務所を出たばかりの元受刑者は、みなお金をほとんど持っていません。お金を手にすると、すぐに使いたくなってしまいます。その際に、1日千円なら少なく、3千円なら多すぎます。

2千円という金額にしているのはお金の感覚を取り戻すためです。すぐに手持ちのお金を使ってしまわないように、という輝真さんの思いが詰まっています。

また、2千円札は珍しいので、支払いをするときに、相手に顔を覚えられるので、悪いこともできません。2千円札での日払いは、本人が「もういりません」と言い、きちんと自分でお金を管理できるまで続けられます。

厳しさとやさしさ

仕事も覚え、順風満帆。これにて一件落着、とはいきません。会社がどんなに誠心誠意尽くしても、10人のうち8人が北洋建設を去ってしまいます。

辞める理由はさまざまです。自分のやりたいことを見つけて退社したり、北洋建設で培った技術をもとに独立や転社するならいいのです。

残念ながら、ほとんどが仕事が嫌で辞める人が多いというのが現実です。寮で朝起きたらいなくなっていて、枕の下に手紙があるのはまだいい方。黙って会社から去っていく人もいます。昨日まで普通に仕事をしていて、「じゃあ明日も頑張ろうね」と言っていたのに、突然消える人も。

建設業は高いところに登ったり、大きな機材を動かしたり、危険が伴う仕事です。ときには先輩社員が新人にきつい言葉で厳しく指導することがあります。

厳しさはやさしさの裏返し。新人がけがをしないように、先輩は常に目配りをしています。安全を守るための厳しい指導は絶対に必要なことです。でも、その言葉が届かず、辞めてしまう新人も多くいます。

いつでも戻っておいで

静江さんは、それでも「しょうがない」といいます。辞めた人を恨んでも仕方ないいし、恨むことなんてない。裏切られたとも思わない。それよりも、「もっと自分たちにできることがなかったのかなあと思い返す」といいます。

ほんの少しのすれ違いであったかもしれない。もう少し気にかけて声掛けをしたり、何らかの兆候を察知できていれば辞めていなかったかもしれないと後悔するとも。

勝手に去った人に対しても、静江さんは「辞めたからといってもう二度と来るなとか、二度と顔を見たくないとかなんて一切思いません」と。

突然黙って北洋建設を去ったにしても、「犯罪に手を染める前にうちに戻ってらっしゃい」という気持ちで遠くから応援しているそうです。「ばっくれて」去った人から、ある日連絡があった際には、「大丈夫？　本当に困ったらいつでも戻っておいで」と声をかけることも忘れません。行くところがないのだったら、戻ってきてほしい。この会社にいて、「人間として一息ついてほしい」といいます。

やさしさの理由

元受刑者の社会復帰を願い、どんなに尽くしても、８割が辞めてしまうという厳しい現実。元受刑者を受け入れることで、最初に数十万円の費用がかかっています。北洋建設では、これまで土地を売るなど私財を投じて、何とか費用を捻出してきました。

北洋建設はなぜそこまで人にやさしくできるのでしょうか。

社員から聞いた会話の中にヒントがありました。北洋建設の社員は社長の輝真さんのことを「親分」「太っ腹」「細かいことを気にしない人」「みんなに慕われる人」「好きなようにやらせてくれる人」「豪快そのもの」「懐の深い土建屋のオヤジ」といいます。

みんなで一緒にお酒を酌み交わすことは北洋建設の伝統です。輝真さんは「みんなで飯を食えばわかりあえる」という考え。昔は血の気の荒い社員が多く、夜に一升瓶を持って暴れる社員がけんかすることもありました。でも、先代の政洋さんや静江さんがいさめると、どんな荒くれも、決して逆らいませんでした。

輝真さんも体調がよいころは仕事が終わった後、毎日社員を飲みに連れて行きました。輝真さんはべろんべろんになるまで、社員の声に耳を傾けます。社員一人ひとりを気にかけ、寄り添うのが北洋建設です。人間同士の濃い付き合いは会社に大きな活力を生んでいきます。

仕事の指導から、酔っ払いのけんかの仲裁まで、政洋さん、静江さん、輝真さんの社員への面倒見の良さは、会社という枠組みをはるかにはみ出しています。社員に対する気前の良さも会長とか、社長という職務を大きく超えています。

4時起きで社員の朝食の準備

創業間もない頃、静江さんは会社を支えるため、朝4時から数十人の社員の朝食を用意したうえに、お昼の弁当までつくっていたそうです。社員を何よりも大切にする父と母の姿を見て育った輝真さんは、「どんな社員も家族なんだ」と思うようになります。

出所したての10代の若者にも本気でぶつかり合います。若者が挨拶ができていないと、挨拶から教えます。褒めるときは褒め、怒るときは厳しく。「お前はなんだ。挨拶もできないのか！」と雷を落とす一方、少しでも良くなると褒めます。「おー、すごく良くなってきているなぁ」とまるで自分の子供を見るように、目を細めます。

輝真さんや静江さんにとって、北洋建設の社員は家族そのもの。だから、どんなことも受け入れることができたのです。

いっぱい失敗してもいい

輝真さんは生まれたときから、元受刑者が身近にいる環境で育ったので、「出所者だからどうだとかいう気持ちなんて一切ない」といいます。どんな人間にも分け隔てなく、やさしく接するのは自然なこと。

静江さんは「愛があれば誰でもできること」と事もなげにいいます。「私はひどいことはできないし、むごい言葉も吐けない性分。他人に損な人間と言われても、どっちが損得という話じゃないの」と、どこまでも気前のいい静江さん。

いっぱい失敗してもいい。何度自信を失ってもいい。

一度でも北洋建設に足を踏み入れた社員は家族、例え去った人でさえも。

世の中に「家族経営」の会社は数えきれないほどあるが、社員を本当の家族のように受け入れてくれる会社はいくつあるのだろうか。

家族だからすべてを受け入れ、すべてを許すことができたのです。

「悪いのもたくさんいたけど、楽しかったよ」

静江さんはいたずらっぽく、笑いました。

◇　◇　◇

2024年9月22日、病により輝真さんが静かに息をひきとりました。

社会とのつながりを失った元受刑者に仕事を―。輝真さんは一貫して弱い立場にいる人たちの声に耳を傾けてきました。

輝真さんの思いを継ぎ、社長には静江さんが復帰する予定です。

北洋建設はこれからも、やわらかな陽光のように世の中を明るく照らしてくれるでしょう。

企業データ　会社名　**北洋建設株式会社**				
所在地	〒065-0020 札幌市東区北20条東12丁目6番15号			
連絡先	電話番号：011-741-5555（代表）			
年間売り上げ (直近のもの)	1億3000万円			
従業員数 (正規、非正規別)	正規社員	20人	非正規社員	5人
従業員男女比	男性	90%	女性	10%
平均勤続年数 (男女別)	男性	15年	女性	30年
離職率 (入社5年未満)	非公開			
育休取得率 (男女別)	非公開			
女性管理職比率	25%			

※女性管理職の定義については企業ごとに異なるため、企業の意思決定層にいる女性を対象とします。

「人を大切にする経営学会」北海道支部10年に寄せて

北海道支部　支部長　奥山　敏康（株式会社アイワード　代表取締役社長）

「人を大切にする経営学会」は、2014年9月23日に法政大学市ヶ谷キャンパスで設立総会を開催しました。

「企業経営に関係する人を大切にし、人を幸せにするための経営の在り方、進め方を研究する学会」は、我が国で初めて、いや世界初の学会のスタートだと、私は思っています。

設立総会には、研究者、弁護士、公認会計士、税理士、社会保険労務士、経営コンサルタントなどの専門家と、全国各地の経営者が参集し、500人を超える総会になりました。

坂本光司会長は「設立経緯」の中で当学会の「三つの使命」について語っています。それは、「企業の目的は関係する人々の幸せであり、業績を求めることではない。そう考える方々を日本中に増やすことである」、「経営学の目的は〝業績を高めること〟などと大学では教えないことだ。間違った経営学を学んだ学生が社長になると、この国は永遠に変わらない」、「国の企業政策は、業績が高く、急成長する会社だけを支援するのではなく、社員の命と生活を守る会社を国として支援するべきである」などを提言したのです。

こうして学会本部の立ち上がりに呼応し、全国に10の支部が作られていきました。

北海道支部は、本部設立の直後に支部結成の動きがあり、年末には設立確認を経て年明けの1月9日に2014年度の活動に、「北海道支部設立記念シンポジウム」を開催しています。

その後「第2回公開フォーラム」（2017年度開催）、「第3回公開フォーラム」（2018年度開催）へと続きましたが、支部役員体制の再構築が必要な事情を考慮して「第4回公開フォーラム」（2019年度開催）の後に、支部長と副支部長の刷新を図りました。

坂本会長からは、「赤平市の社会福祉法人北海道光生舎・高江智和《ちおり》理理事長と株式会社アイワード・奥山の二人で支部運営を行ったらどうか、地理的な制約も考慮して支部長は札幌の奥山が、副支部長は高江氏が担うのが良い」とのお話がありました。

その後、コロナ禍に突入しながらも、2022年8月には支部で道外ツアーを組み込みながら第9回総会・全国大会参加と都内企業の見学会を実施した経験を踏まえ北海道支部主催の経営者塾構想が生まれていきました。

そして、坂本会長、二宮生憲副会長の指導と支援を受けて2023年度に第1回北海道経営者塾（年4回開塾）、2024年度に第2回北海道経営者塾（年6回開塾）を実行することができました。

塾に集った経営者の方々と、交流を深めていくと「良い経営ができる勉強をしたい、良い経営をしている企業家の実践を知りたい」との動機で受講されている方が多いことに気づきます。第2回の北海道経営者塾の講師は全員「日本で一番大切にしたい会社大賞」の受賞企業経営者です。他の団体などが行う企業セミナーとの違いは、自社の取り組みを売上や利益で語るのではなく、どうやって苦境を乗り越えて現在があるのかを、経営者自らがリアルに語ってくれる点にあります。

また当学会には、何年もの歳月をかけて数千社の調査・研究を通して導き出した「人を大切にする企業の100の指標」があります。その指標は「日本で一番大切にしたい会社大賞」の選定基準にもなっています。

例えば「応募資格」は過去5年間以上にわたって、6つの条件に全て該当していることを求めています。①希望退職者の募集やリストラ等をしていない、②重大（死亡や重傷）な労働災害を発生させていない、

③一方的なコストダウン等理不尽な取引を強要していない、④障がい者雇用率は法定雇用率以上、⑤黒字経営かつ納税責任を果たしている（除く激変）、⑥下請代金支払遅延等防止法等、法令違反をしていないという条件です。

そして「企業の貢献」の分野でも指標を掲げています。①社員の子どもの数が多い、②黒字経営であり納税責任を果たす、③社員の給与は適正に支払われている、④社員のモチベーション・働き甲斐は高い、⑤実質定年はなく雇用の場を提供する、⑥地域貢献・社会貢献に熱心、⑦障がい者雇用に積極的、⑧所定外労働時間が少なく、有給休暇取得率も高い、⑨大半が雇用が安

北海道経営者塾は講師の熱気と聞く側の熱気が、ぶつかり合う場になっている。陰山建設株式会社陰山社長講演（2024年7月）

新幹線の清掃を一手に担っている株式会社JR東日本テクノハートTESSEI様の経営を学んだ初の北海道支部道外ツアー（2022年8月）

定する無期雇用であり、転職的離職もほとんどない、といった指標です。北海道支部の会員の中には、100の指標で高得点が得られた5つの企業が「大賞」を受賞しています。

いい会社には並々ならぬ経営実践が経営者と社員との中で繰り広げられた結果が凝縮しています。

「大賞」を目指すだけでなく、自社の方向づくりに、北海道支部が貢献できるように活動を続けて行くことが大切だと考えています。また北海道支部には、学生会員がいます。社会で活躍する前に経営者と一緒の机で、経営実践に直接触れる機会は、大きな経験となるでしょう。

2024年5月15日に札幌市内で開かれた北海道経営塾。講師は坂本会長（前列左から3人目）と徳武産業株式会社十河孝男会長（同4人目）

私は支部の皆さんの活動に触れるたびに、二宮尊徳の「たらいの水」の話を思い出します。

たらいの水を、自分のものにしたいと手前に寄せようとすると、水は相手の方に流れていきます。ところが、水を相手側の前へ押し出していくと、自分の方へ水は戻ってきます。水を、時間や能力、お金、幸せなどの例えと考えると、これらを自分の物だと独り占めしようとすると、集めれば集めるほど逃げてしまいます。

逆に自ら出すほどに自分に返ってくるものです。北海道支部が「たらいの水」のごとく運営できていることに感謝して、支部の10年の一端を記しました。ありがとうございます。

支部役職	氏　名	会社名	役　職
支部長	奥山　敏康	株式会社アイワード	代表取締役社長
副支部長	髙江　智和理《ちおり》	社会福祉法人北海道光生舎	理事長
副支部長	富田　訓司	株式会社リペアサービス	代表取締役
副支部長	池田　真裕子	株式会社特殊衣料	代表取締役社長
事務局長	吉田　泰彦	よしだ労務管理事務所	代表
事務局次長	佐藤　公勇《きみたけ》	株式会社アドバンズド・ロジスティック・システムズ	代表取締役
事務局次長	山口　威《たける》	ヤマタケ株式会社	代表取締役

◆監修者
坂本光司（さかもとこうじ）
　1947年、静岡県生まれ、経営学者、一般社団法人人を大切にする経営学会会長。静岡文化芸術大学教授や法政大学大学院教授・研究科長等を務め、2018年3月定年退官。専門は、中小企業経営論・地域経済論。
　これまで8500社を超える企業を訪問調査・アドバイスを行っている。
　現在は、「日本でいちばん大切にしたい会社大賞実行委員長」「徳島大学客員教授」等公職多数を務める。
　著書に「日本でいちばん大切にしたい会社1～8」（あさ出版）、「会社の偏差値」（あさ出版）、「新たな資本主義のマネジメント入門」（ビジネス社）等100冊以上。
　自宅　〒421-0216 静岡県焼津市相川1529
　電話　054-622-1717
　メール　k-sakamoto@mail.wbs.ne.jp

◆取材・執筆
片山　由紀　第1章
加藤　洋介　第2・7章
吉田　弥生　第3・4章
森　　浩義　第5・9章
森畑　竜二　第6章
新目　七恵　第8章
五十嵐裕揮　第10章

◆協力
「人を大切にする経営学会」北海道支部

◆ブックデザイン　中島みなみ

北海道でいちばん大切にしたい会社

2024年11月1日　初版第1刷発行

監修者　坂本光司
編　者　北海道新聞社
発行者　惣田　浩
発行所　〒060-8711 北海道札幌市中央区大通東4丁目1
　　　　北海道新聞社 出版センター　011-210-5744
印　刷　株式会社アイワード

ISBN 978-4-86721-146-5